W0405765

Leonore Wolf

Stenografie im Selbstunterricht

BUCH UND ZEIT
BZ

Buch und Zeit Verlagsgesellschaft mbH · Köln

ISBN 3–8166–9420–9

© 1991 Genehmigte Ausgabe
Die Verwertung der Texte und Bilder, auch auszugsweise, ist ohne Zustimmung des Verlags urheberrechtswidrig und strafbar. Dies gilt auch für Vervielfältigungen, Übersetzungen, Mikroverfilmung und für die Verarbeitung mit elektronischen Systemen.
Titelbild: Fotostudio Axel Weber
Illustrationen: Leonore Wolf
Druck: Ludwig Auer GmbH, Donauwörth

1999942082X7 2635

Inhalt

Lernen ist wie Rudern gegen den Strom:
sobald man aufhört, treibt man zurück.
Chinesisches Sprichwort

Einleitung

Bevor Sie mit dem Schreiben beginnen, rüsten Sie sich bitte mit dem geeigneten Schreibmaterial aus. Sie können einen Füllhalter mit Stenofeder benutzen oder aber einen Bleistift, mit dem für Sie geeigneten Härtegrad. Wenn Sie einen niedrigen Schreibdruck ausüben, benötigen Sie einen Bleistift mit einem mittleren oder weichen Härtegrad. Bei einem hohen Schreibdruck empfiehlt sich ein Bleistift mit einem höheren Härtegrad; einen weichen Bleistift müßten Sie ständig neu anspitzen. Ein Stenofüllhalter ist das am besten geeignete Schreibgerät.
Halten Sie Ihr Schreibgerät locker zwischen den Fingern und verkrampfen Sie sich nicht. Als Schreibunterlage verwenden Sie die im Fachhandel erhältlichen Stenohefte mit Stenolinien (Vierzeilennetz). Benutzen Sie auf keinen Fall ein Heft oder einen Block mit normaler Lineatur.
Wenn Sie jetzt zu schreiben beginnen, achten Sie auf Ihre Körperhaltung. Neigen Sie den Oberkörper leicht nach vorne, halten Sie genügend Abstand zwischen Augen und Schreibplatte (etwa 40 cm). Eine gute Haltung nützt Ihrer Gesundheit.
Zunächst müssen Sie sich mit der Kurzschrift-Rechtschreibung bekannt machen. In der Kurzschrift gibt es

a) keine Großbuchstaben, sondern nur ein Alphabet;
b) keine Dehnungszeichen (bir = Bier, mel = Mehl);
c) im allgemeinen keine Mitlaut- und Selbstlautverdoppelung, außer ll, ss (ß) und rr;
d) Selbstlaute werden in der Regel nicht geschrieben, sondern im nachfolgenden Zeichen versinnbildlicht;
e) für häufige Mitlautfolgen gibt es besondere Zeichen (z. B. ch, mp, ng);
f) Fremdwörter werden nach ihrer Aussprache geschrieben (z. B. wiski = Whisky);
g) für häufig vorkommende Wörter, Vor- und Nachsilben gibt es die sogenannten *Kürzel*.

Noch ein wichtiger Hinweis: Nehmen Sie sich das Buch jeden Tag vor. Täglich eine halbe Stunde üben ist besser als einmal in der Woche stundenlang.

Viel Erfolg!

Lektion 1: b, g, m, t, r, n, k; e, o

Der Schreibraum

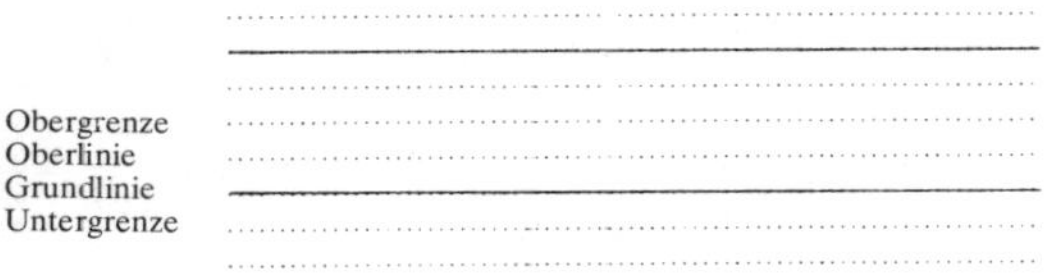

Der Schreibraum wird in 4 Linien gegliedert. Der Abstand zwischen 2 Linien wird als Stufe bezeichnet. Dieses Vierliniennetz ist zum Erlernen der Kurzschrift notwendig.

Die Zeichen

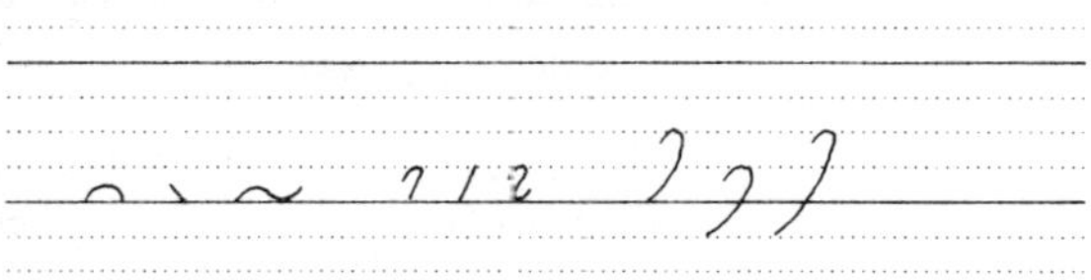

Es gibt in der Kurzschrift kleine, mittlere und große Zeichen. Die kleinen Zeichen sind halbstufig, mittlere Zeichen einstufig und die großen Zeichen sind 2- oder 3stufig. Sie werden auch Ober- oder Unterlängen genannt. Die 3stufigen Zeichen sind Ganzlängen.

Schreiben Sie jetzt auf die Grundlinie – das ist die etwas verstärkte Linie in Ihrem Heft – ein langschriftliches m. Das Kurzschrift-m entspricht dem letzten Abstrich des langschriftlichen m. Bitte schreiben Sie jetzt eine Zeile stenografisches m. Schreiben Sie ganz korrekt, so wie es vorgegeben ist. Das m darf nicht wie ein Fragezeichen aussehen. Es hat einen runden Kopfbogen, einen geraden Rücken, also Abstrich, und einen rechtsrunden Fußbogen. Es gehört zu den rechtsrunden Zeichen.

Bitte üben Sie *m.*

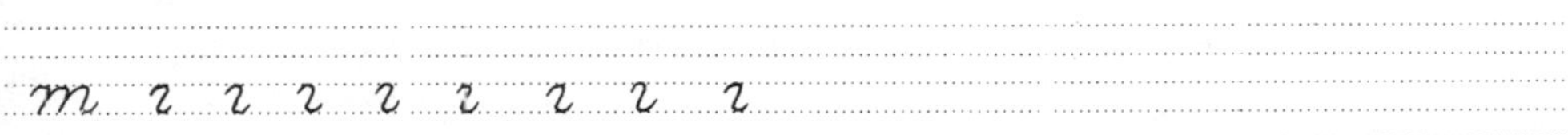

Als nächstes Zeichen schreiben Sie bitte das stenografische n. Es ist eine kleine weiche Welle. Das n ist halbstufig zu schreiben.

Bitte schreiben Sie jetzt eine Zeile *n.*

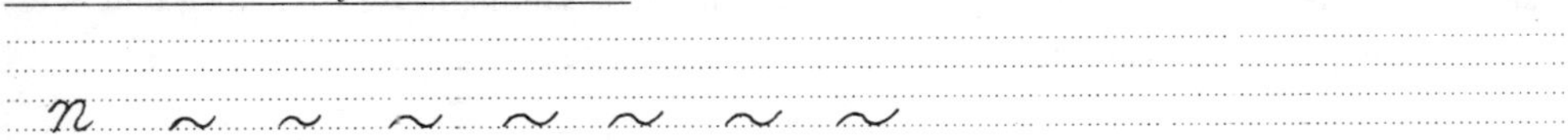

Wenn Sie jetzt diese beiden Zeichen eng miteinander verbinden, deuten Sie den Selbstlaut e an; denn enge Verbindung bedeutet in der Kurzschrift e. Wie Sie schon gelesen haben, wird in der Kurzschrift kein Dehnungszeichen geschrieben, im vorliegenden Fall kein h. Lesen Sie bitte das unten stehende Wort.

Üben Sie eine Zeile das Wort *nehmen.*

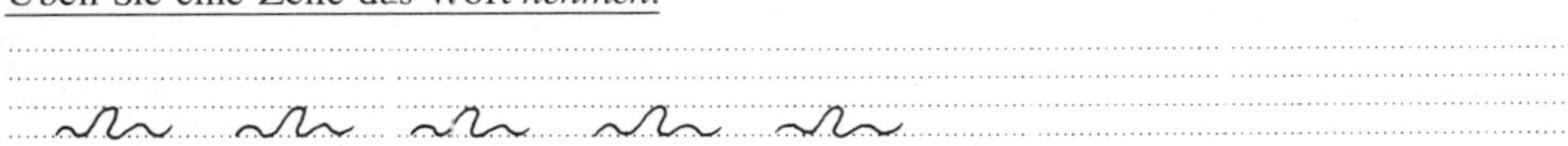

Als drittes Zeichen erarbeiten wir das kurzschriftliche b. Das b ist wiederum ein mittleres, also ein einstufiges Zeichen. Das b hat einen geraden Abstrich und einen rechtsrunden Auslauf. Bitte achten Sie auf den geraden Abstrich.

Üben Sie eine Zeile *b.*

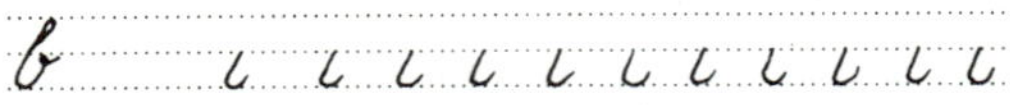

Mit diesem neuen Zeichen können Sie ein neues Wort bilden. Stellen Sie nach dem n eine enge Verbindung zum b her und fügen dann nochmals ein n an. Sie haben zuerst das n geschrieben, die enge Verbindung zum b ist e, dann das b, dann enge Verbindung zum n ist wieder e und zum Schluß n. Dann heißt das Wort »neben«.

Schreiben Sie bitte eine Zeile *neben.*

Ein weiteres Zeichen in dieser Lektion ist t. Das t ist ebenfalls ein einstufiges Zeichen und wird etwas schräg geschrieben, und zwar *nur* von oben nach unten.

Bitte üben Sie eine Zeile das neue Zeichen *t.*

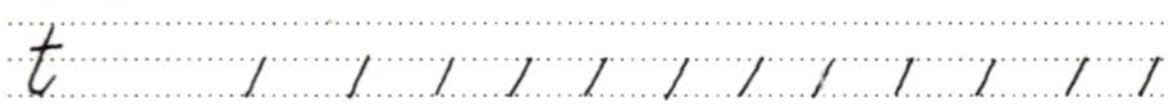

Wenn Sie jetzt von n zum t eine enge Verbindung herstellen, heißt das Wort »nett«, denn in der Regel werden keine Mitlaute verdoppelt.

Schreiben Sie bitte wieder eine Zeile das neue Wort *nett.*

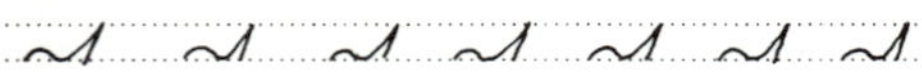

Sie können auch »Bett« schreiben. Aber wie kann das Wort noch heißen? In der Regel werden auch keine Selbstlaute verdoppelt: also »Beet«. Im Satzzusammenhang ist jedoch eine Verwechslungsmöglichkeit nicht gegeben.

Als nächstes Zeichen üben Sie bitte das Zeichen g. Kurzschriftliches g sieht einem Spazierstock ähnlich. Es hat einen halbrunden Kopfbogen – wie das m – jedoch einen geraden Auslauf. Es wird den geradeauslaufenden Zeichen zugeordnet.

Üben Sie eine Zeile *g.*

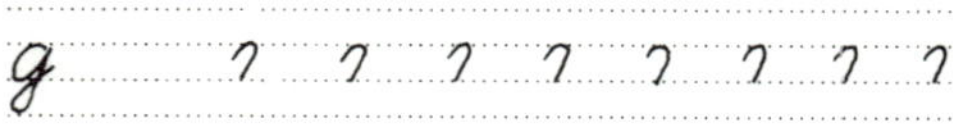

Verbinden Sie jetzt das g eng mit t, dann heißt das Wort »geht«.
Merke auch: *Es wird kein Dehnungs-h geschrieben.*
Üben Sie eine Zeile das Wort *geht.*

Als weiteres Mitlautzeichen in dieser Lektion lernen Sie das Zeichen r kennen. Das r ist wieder ein halbstufiges Zeichen und wird von links schräg nach rechts unten geschrieben.

Verbinden Sie jetzt ein t mit einem r, so heißt das Wort »Teer«. Schreiben Sie ein r, stellen eine enge Verbindung zum t her und wieder eine enge Verbindung zum r, dann heißt das Wort »Retter«.
Merke: *Es werden in der Regel keine Mitlaute verdoppelt.*
Bitte üben Sie eine Zeile die beiden Wörter *Teer* und *Retter.*

Das k ist das letzte Mitlautzeichen in dieser Lektion. Es ist kein Halbkreis, sondern ein oberer Kreisabschnitt und wird halbstufig geschrieben.
Schreiben Sie bitte eine Zeile das Zeichen *k.*

Schreiben Sie jetzt bitte das Beispiel »Kerker«. Stellen Sie eine enge Verbindung vom k zum r her, fügen Sie wieder ein k an und stellen Sie nochmals eine enge Verbindung zum r her.
Bitte üben Sie eine Zeile das Wort *Kerker.*

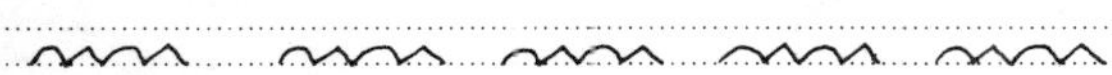

Merke: *Der Selbstlaut e wird durch eine enge Verbindung dargestellt.*
Schreiben Sie bitte das Beispiel *Teer.*
Der Selbstlaut o hingegen wird durch eine *weite* Verbindung dargestellt. Teer : Tor. Die weite Verbindung o ist mindestens 3mal so lang wie die enge Verbindung e. Schreiben Sie bitte die Beispiele *Reck : Rock.*
Merke: *Statt ck wird nur k geschrieben.*

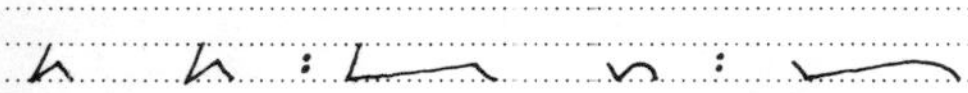

Endet ein Wort mit dem Selbstlaut e oder o, muß das Schluß-e oder -o deutlich mit einem Ausstrich angedeutet werden. Das Schluß-e wird mit einem halbstufigen Aufstrich angedeutet.

Schreiben Sie bitte die folgenden Beispiele: *Tee, Beere, Beete, Reebe, nehme, gebe, Robe.*

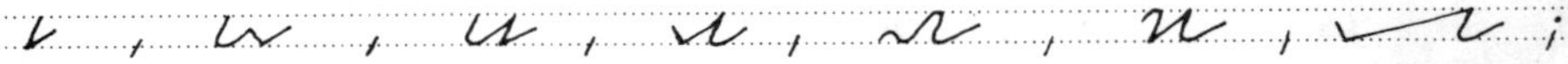

Das Schluß-o ist ein langgezogener Flachstrich.

Schreiben Sie die Beispiele: *Toto, Motto, Torero.*

Anlautender Selbstlaut bedeutet, daß das Wort mit einem Selbstlaut beginnt. Hier erfolgt der Anstrich *immer* von der Grundlinie bis zum Beginn des nachfolgenden Zeichens.

Schreiben Sie bitte: *Ehre, Eber, Egon, Egge, Ohr, Otter, Otto.*

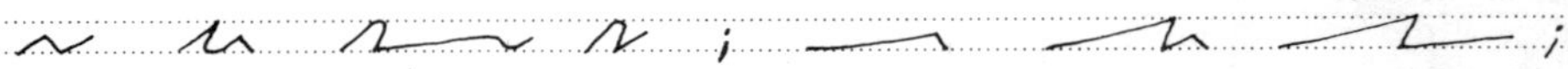

Zusammenfassung:

a) r, n und k sind halbstufige Zeichen;
c) statt ck wird nur k geschrieben;
d) in der Regel keine Mitlaut- oder Selbstlautverdoppelung;
e) der Selbstlaut e wird durch eine enge Verbindung in dem nachfolgenden Zeichen versinnbildlicht;
f) der Selbstlaut o wird durch eine weite Verbindung in dem nachfolgenden Zeichen versinnbildlicht;
g) anlautender Selbstlaut wird immer durch Anstrich von der Grundlinie dargestellt;
h) b, g, m und t sind ganzstufige Zeichen, g und t sind geradeauslaufende Zeichen, b und m sind rechtsrunde Zeichen.

Kürzel

Das Kürzel »die« ist ein halbstufiger Abstrich. Das Kürzel »es« (persönliches Fürwort) wird nur durch einen halbstufigen schrägen Abstrich dargestellt. Das Kürzel »er« wird sowohl als Fürwort als auch als Vorwort (er-kennen) verwendet. »Er« wird durch das kurzschriftliche r dargestellt. Der Artikel »der« (derer, deren) wird ebenfalls durch das r dargestellt, jedoch auf der Oberlinie. Bei Kürzeln, die sich nur in der Stellung unterscheiden, spricht man von Kürzelpaaren.
Das Kürzel, welches ein d enthält, steht auf der Oberlinie (er/der). **Merkhilfe:** *d hebt.*
Das Kürzel »gegen« wird durch zwei eng aneinandergefügte g dargestellt. Für »den« steht ein n auf der Oberlinie (denen). Auch »dem« steht auf der Oberlinie und wird durch ein m dargestellt. Das Kürzel »und« ist ein kurzer flacher Strich entlang der Oberlinie. »hatt-« (hatte, hatten, hattet) wird durch ein t dargestellt und entsprechend ergänzt.

Übungen

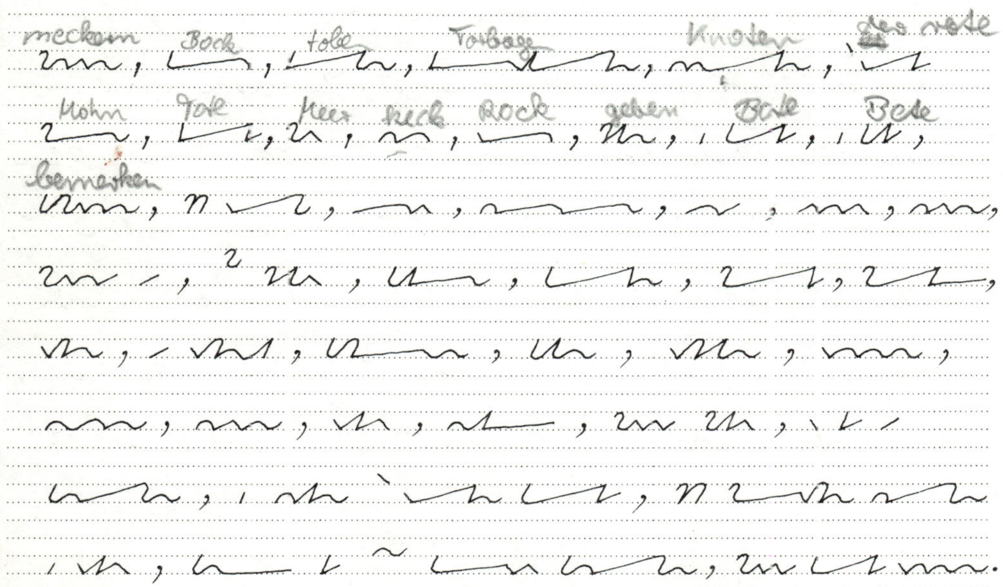

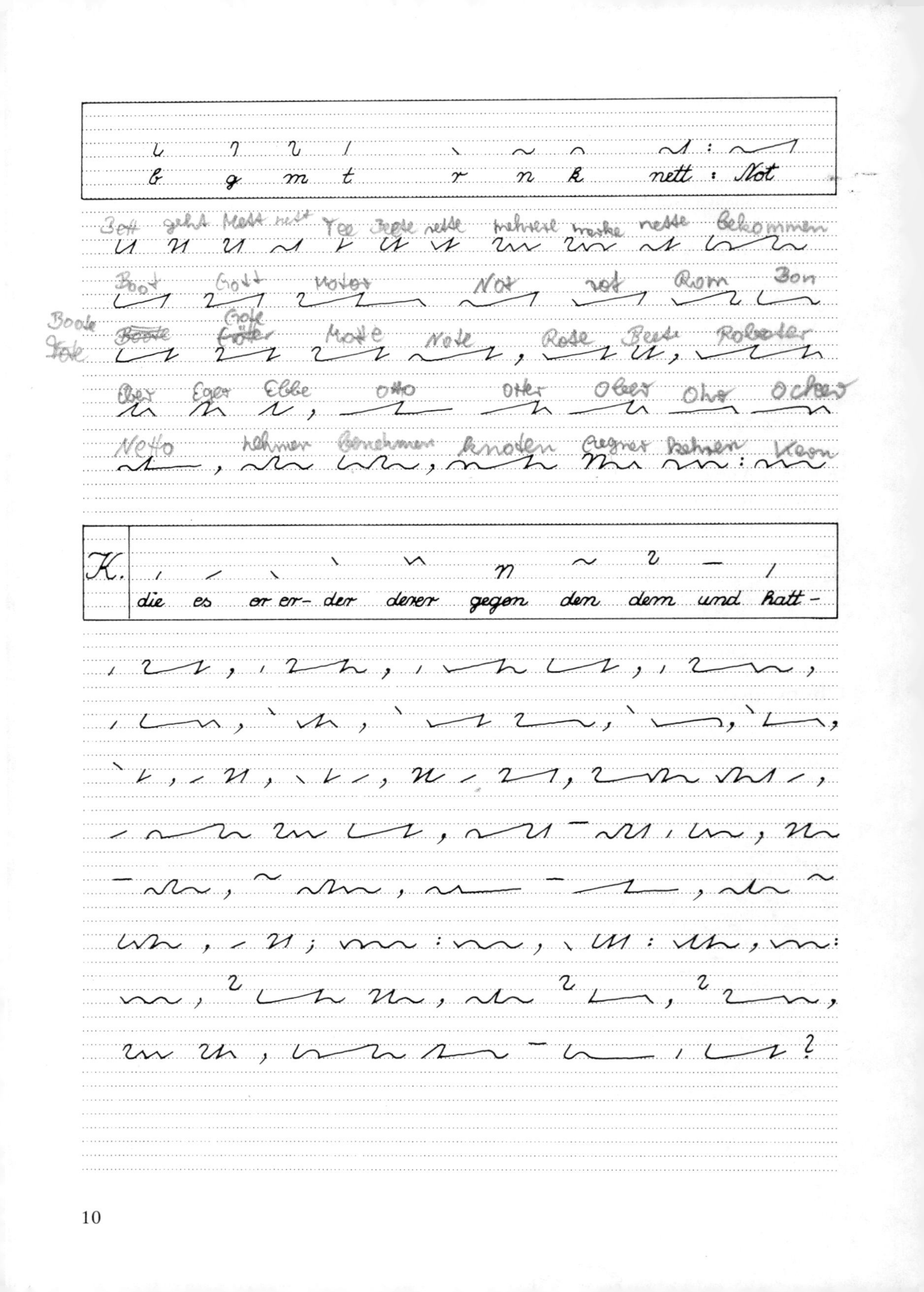

b	g	m	t	r	n	k	nett : Not

K.	die	es	er	er-	der	dexer	gegen	den	dem	und	hatt-

Lektion 2: d, h, w; a, ö

Das neue Zeichen d besteht aus einer halbstufigen Kopfschleife und aus einem rechtsrunden Auslauf. Bitte schreiben Sie eine Zeile mit d.
Üben Sie die nachstehenden Beispiele: *Degen, Dogge, Dotter, Deck.*

Das h hat einen vollständigen Kopfbogen und einen gebogenen Rücken, der in einen Linksauslauf übergeht. Wenn Sie h auf der linken Seite ergänzen, ergibt es ein Herz. Linksauslaufende Zeichen erhalten in der Verbindung eine kleine Schleife, die kleiner als halbstufig ist. Üben Sie eine Zeile h.
Schreiben Sie bitte die folgenden Beispiele: *heben, ehe, Rehe, gehen.*
Merke: *Wenn h gesprochen wird, schreibt man es auch.*

Am Zeichen w ist alles gebogen. Ein halber Kopfbogen und ein ganzer Fußbogen ergibt einen Teil eines Ovals. Der Fußbogen ist etwas breiter als beim b. Es ist das Spiegelzeichen zum h. Im Wortinneren muß der Aufstrich zum w etwas gebogen werden. Üben Sie das w eine Zeile.
Schreiben Sie folgende Beispiele: *werben, Wogen, Wetter, bewegen, bewohnen.*

Der Selbstlaut a wird durch enge Verbindung (wie e), jedoch durch Verstärkung des nachfolgenden Zeichens angedeutet. Es wird immer nur der Abstrich verstärkt, und zwar mit einem kurzen Druck auf das Schreibgerät. Bitte *nicht* nachmalen. Bei geraden Abstrichen wird die ganze Länge verstärkt. Die Technik der Verstärkung bekommen Sie durch Übung heraus.
Schreiben Sie die folgenden Beispiele: *Haar, Dame, Wagen, Tag, Kammer.*

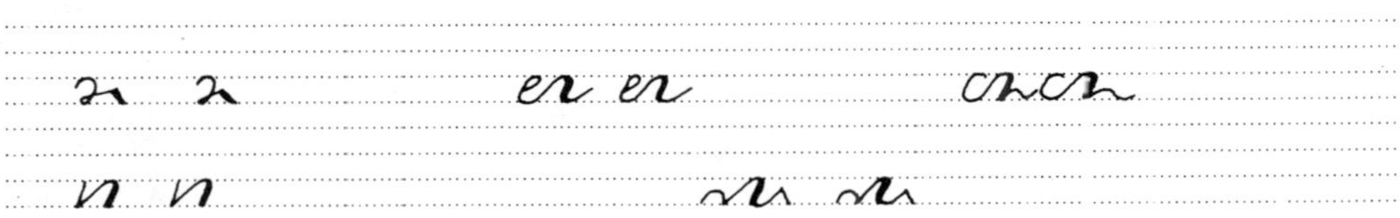

Das ö wird durch weite Verbindung (wie o), jedoch durch Verstärkung des nachfolgenden Zeichens angedeutet.

Schreiben Sie *Magen : mögen.* Üben Sie die folgenden Beispiele: *Röte, Göre, Körbe, Röcke.*

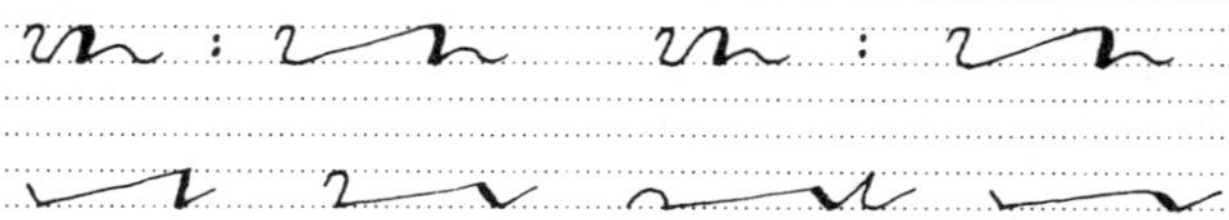

Anlautender Selbstlaut a: Der Anstrich erfolgt von der Grundlinie, enge Verbindung, und der Abstrich des nachfolgenden Zeichens wird mit einem Druck verstärkt.

Üben Sie bitte die folgenden Beispiele: *aber, Agathe, Araber, Arm.*

Anlautender Selbstlaut ö: Der Anstrich erfolgt ebenfalls von der Grundlinie, weite Verbindung, und der Abstrich des nachfolgenden Zeichens wird verstärkt.

Schreiben Sie folgende Beispiele: *Öde, Ökonom, Öre.*

Kürzelbeispiele: Das Rad hatte er bekommen. Hat er das Rad bekommen? Kann er den Wohnwagen haben? Wo hatte Dagmar die Bananen her? Hermann und Egon haben aber Bedenken. Er kann Renate den Tabak geben. So geht es bergab. Werden Margot und Werner die Körbe abgeben?

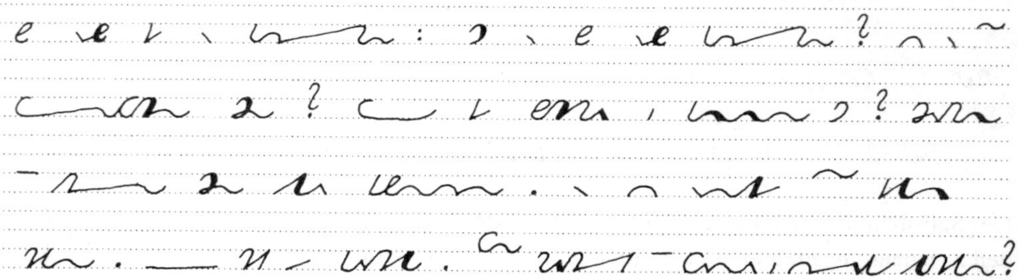

Übungen: Woran kann er es erkennen? Woher hatte er den Wagen? Er kann an die Bahn gehen. Gebe Renate den Tabak.

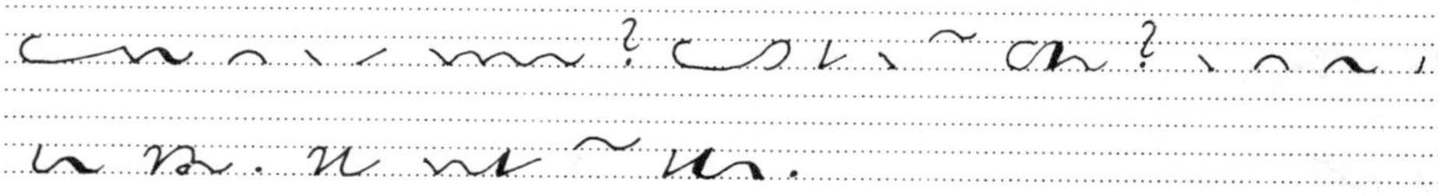

d k w Reben Magen mögen

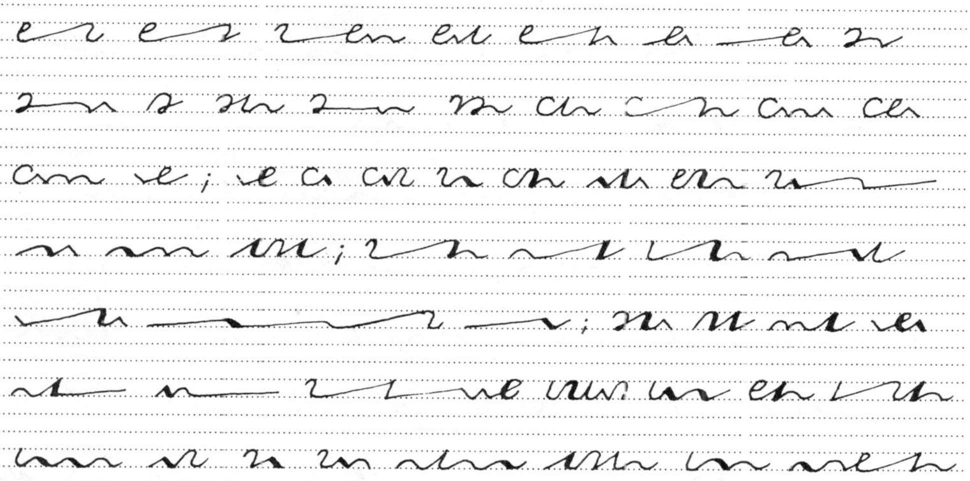

K. das(ß) wenn werd- hab-, hat hast her kann-st ist wo so

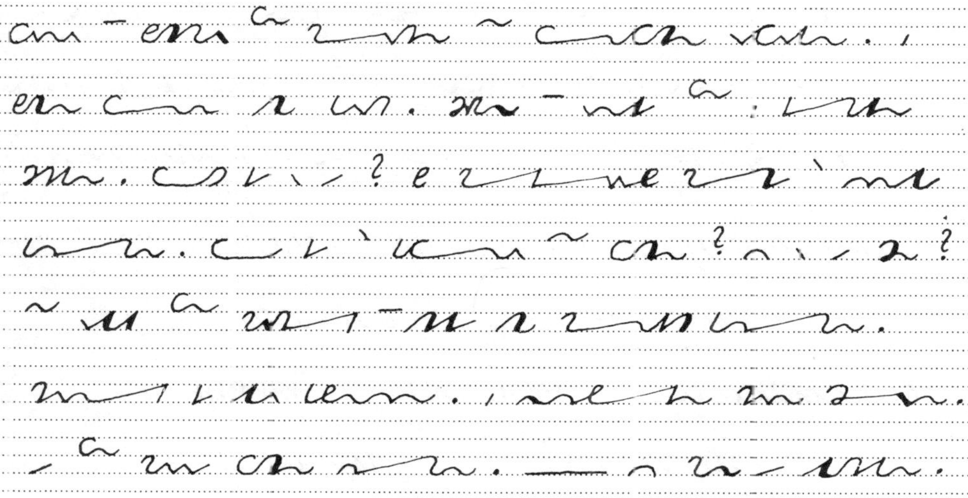

Übungen

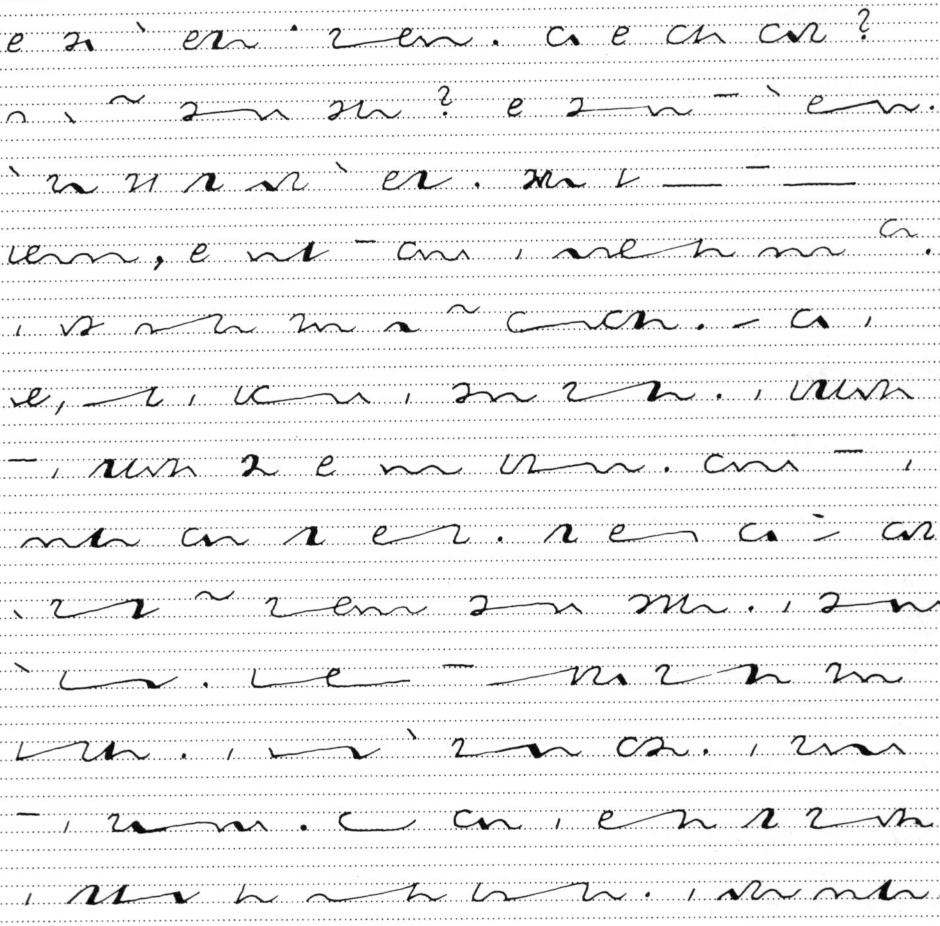

Bandübungen: 

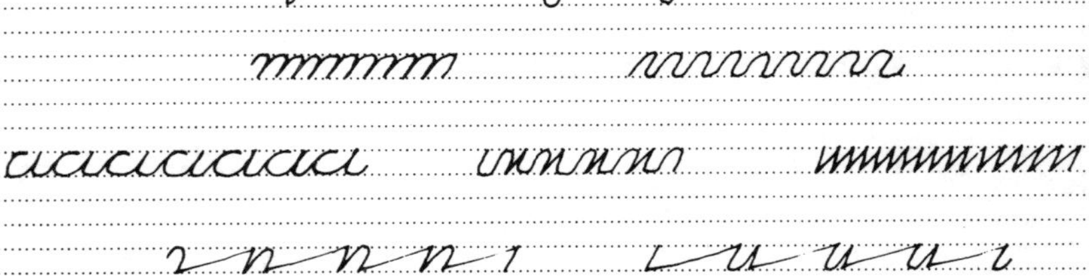

Lektion 3: Silbenzeichen ein, u(h)r

Bisher haben Sie nur Mitlaute und Selbstlaute dargestellt und versinnbildlicht sowie Kürzel kennengelernt. Heute lernen Sie das erste Silbenzeichen kennen.
Das Silbenzeichen »ein« ist eine weite Welle, etwa 3mal so breit wie n.
Bitte üben Sie eine Zeile das Silbenzeichen *ein* und das Beispiel: *ein Bett.*

Das Silbenzeichen »ein« wird also unter anderem auch als unbestimmtes Geschlechtswort verwendet.
Üben Sie folgende Beispiele: *ein Knabe, ein Berg.*
»ein« als **Artikel:** *ein* Wagen, *ein* Motorrad, *ein* Hocker.
»ein« am **Wortanfang:** *Ein*gabe, *Ein*nahme, *Ein*wohner, *Ein*kommen.
»ein« am **Wortende:** W*ein*, B*ein*, m*ein*, d*ein*, k*ein*, r*ein*.
»ein« im **Wortinneren:** W*ein*en, r*ein*en, H*ein*er, W*ein*berg.

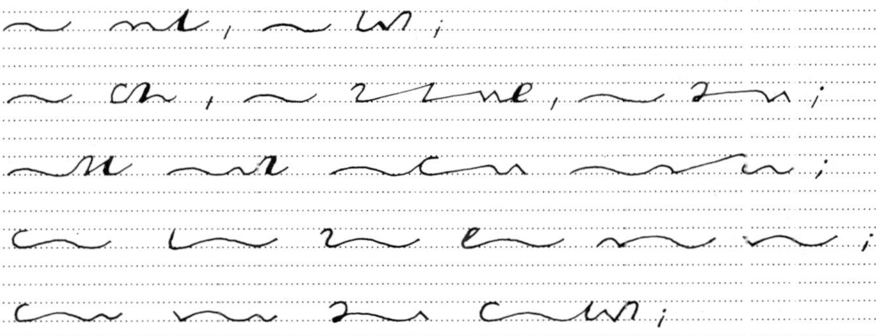

Ein weiteres Silbenzeichen ist »u(h)r«, das sowohl für u(h)r mit und ohne h gilt. Das Silbenzeichen u(h)r ist ein halbstufiges Zeichen, mit einem viertelstufigen Abstrich, leichtem Bogen zum weiten, waagerechten Strich und leichtem Bogen zum Abstrich.
Üben Sie bitte eine Zeile das Silbenzeichen *u(h)r;* Beispiele: *die Uhr, der Urheber.*

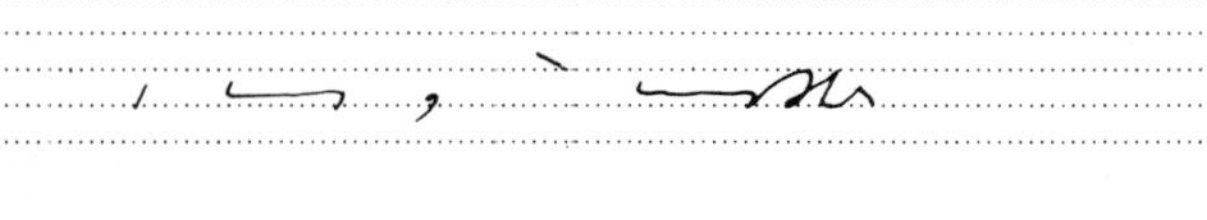

»u(h)r« am **Wortanfang:** *Ur*ban, *Uhr*werk, *Ur*an.
»u(h)r« im **Wortinneren:** K*ur*bad, Marb*ur*g, Rotenb*ur*g, B*ur*g.
»u(h)r« am **Wortende:** Turm*uhr,* R*uhr,* K*ur,* Nat*ur*.

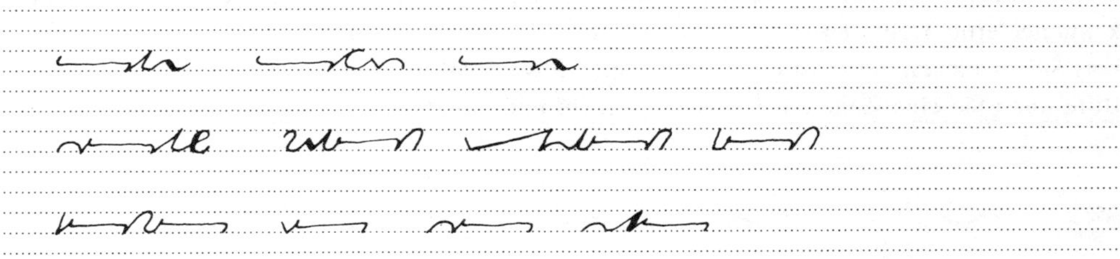

Kürzel

Das Kürzel »ich« ist eine halbstufige 1. Das Kürzel »ver-« ist ein halbstufiger Bogen, das Kürzel »vor« ist eine weite, flache Schale, etwa 3mal so breit wie »ver-«. »In« wird wie das Kürzel »ich« geschrieben, lediglich noch mit einem viertelstufigen Aufstrich. »Sind« wird wie »in« geschrieben, jedoch steht es auf der Oberlinie (d hebt). Für das Kürzel »nur« steht das Silbenzeichen u(h)r auf der Oberlinie. Ein b auf der Oberlinie steht für »bis«.

Kürzelbeispiele: Ich komme, ich gehe, ich komme vorher. Komme hervor. Ich vernehme es. Margot und Urban waren in Marburg. Margot und Urban sind in Marburg. Egon ist in Rotenburg. Er ist bis morgen in Magdeburg. Nur so geht es.

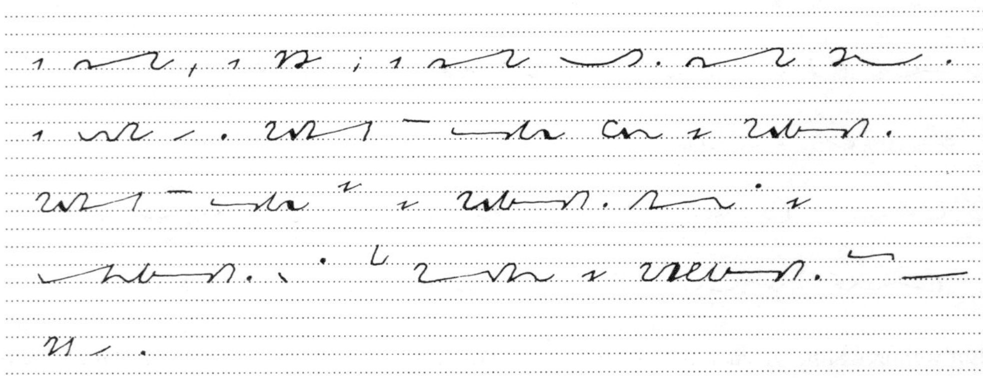

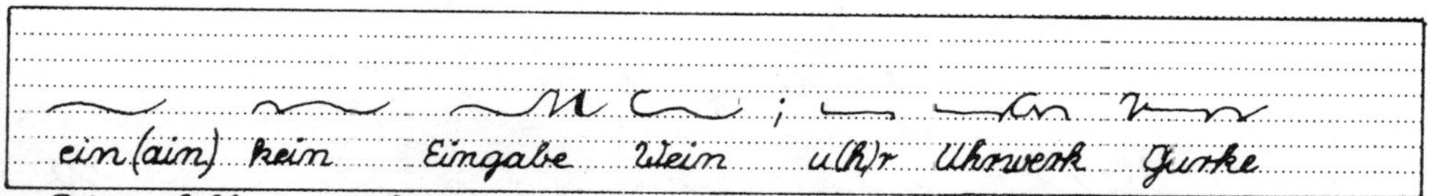

Die Silbenzeichen ein und u(h)r sind alleinstehend, als Vorsilbe und im Wortinnern immer anzuwenden.

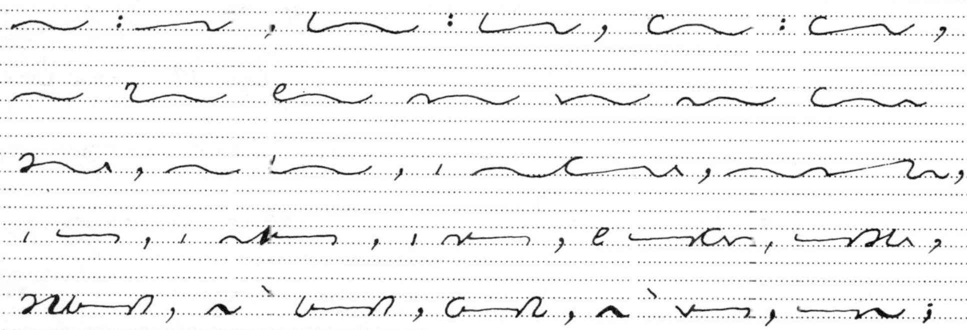

Merke: Silbenzeichen „ein" ist eine weiche Welle.

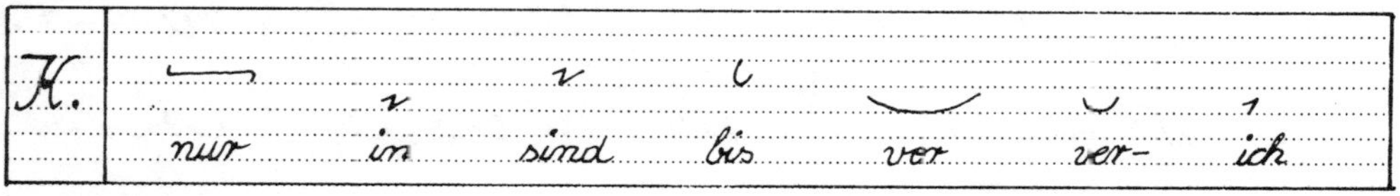

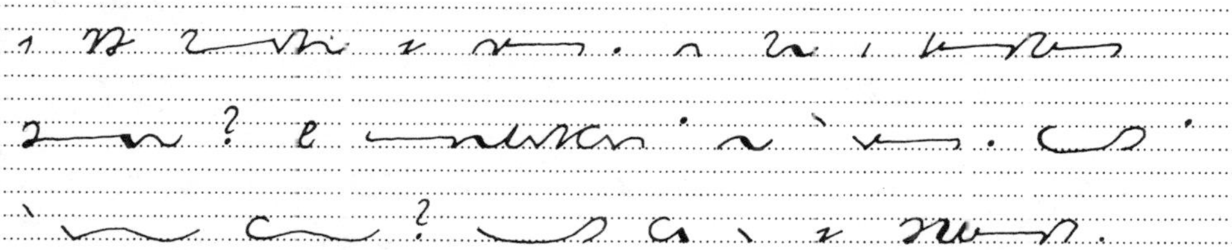

Übungen

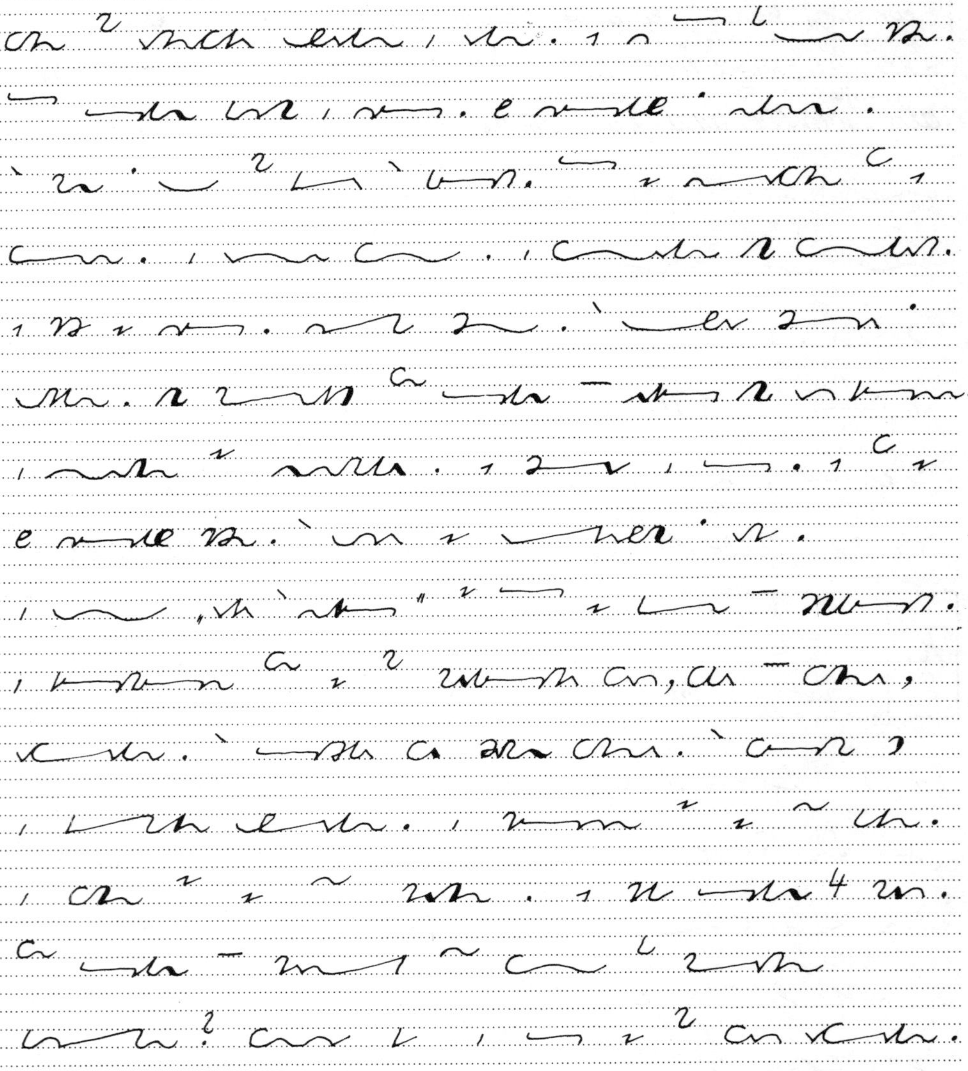

Lektion 4: ch, j, v; u, au

In dieser Lektion verlassen Sie den einstufigen Schreibraum. Die neuen Zeichen werden linksauslaufende Oberlängen oder 2stufige Zeichen genannt, da sie an der Obergrenze beginnen, also die Länge des Zeichens nach oben geht.
Das Zeichen ch wird wie h geschrieben – von oben nach unten. Es wird jedoch wegen der Größe zu den Oberlängen gezählt. Der Kopfbogen ist halbstufig, der Rücken ist etwas flacher als beim h und geht dann zum Linksauslauf über.
Bitte schreiben Sie eine Zeile das neue Zeichen *ch.*
Linksauslaufende Zeichen erhalten in der Verbindung eine Schleife, die kleiner als halbstufig ist.
Üben Sie bitte eine Zeile das Beispiel *Chor.*

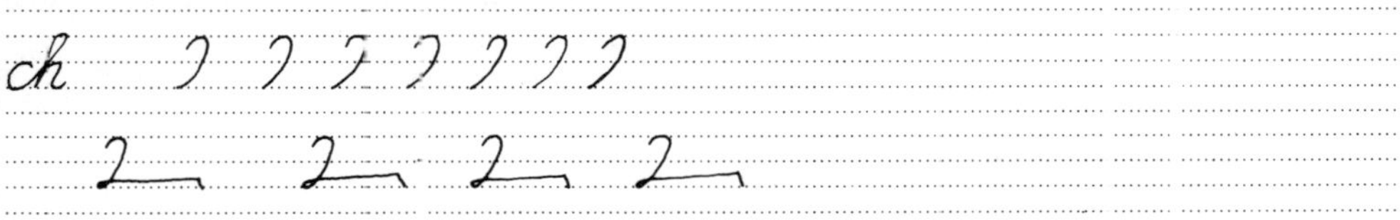

Auch j gehört zu den linksauslaufenden Zeichen. Der Abstrich beginnt an der Obergrenze und erhält im letzten Viertel den Linksauslauf.
Bitte üben Sie eine Zeile das Zeichen *j.*
Bitte beachten Sie auch hier, daß linksauslaufende Zeichen in der Verbindung eine Schleife erhalten.
Üben Sie die Beispiele: *Jakob, Jochen, jeder.*

Das v wird nicht nur zu den linksauslaufenden Oberlängen gerechnet, sondern wird auch als Flammenzeichen bezeichnet. Es sieht aus wie eine Flamme: leicht gebogener Abstrich von der Obergrenze, gerader Abstrich in der Mitte, und im letzten Viertel geht es zum Linksauslauf über.
Üben Sie eine Zeile das Zeichen *v.*
Beachten Sie, daß sich das j vom v nur im Abstrich an der Obergrenze unterscheidet: Vene : jene.
Also immer oberstes Gebot: Schreiben Sie sauber und deutlich.
Üben Sie bitte die Beispiele: *Vene, Veto, Vater.*

Bisher haben Sie 4 Möglichkeiten kennengelernt, Selbstlaute zu versinnbildlichen:

a) enge Verbindung = e;

b) enge Verbindung verstärkt = a;

c) weite Verbindung = o;

d) weite Verbindung verstärkt = ö.

Eine weitere Möglichkeit, einen Selbstlaut zu versinnbildlichen, ist die Tiefstellung. Die Tiefstellung wurde dem Vokal u zugewiesen. Es handelt sich beim u um einen tiefklingenden Laut. Die Tiefstellung erfolgt eng und halbstufig, das heißt der dem Selbstlaut folgende Mitlaut wird eine halbe Stufe tiefer gestellt, und zwar das ganze Zeichen. Die Zeichen dürfen ihre ursprüngliche Größe nicht verlieren.

Schreiben Sie das Beispiel *Hut.*

Das h steht auf der Grundlinie. Als linksauslaufendes Zeichen erhält es in der Verbindung eine Schleife, dann folgt u, das im nachfolgenden t durch eine halbstufige Tiefstellung angedeutet wird.

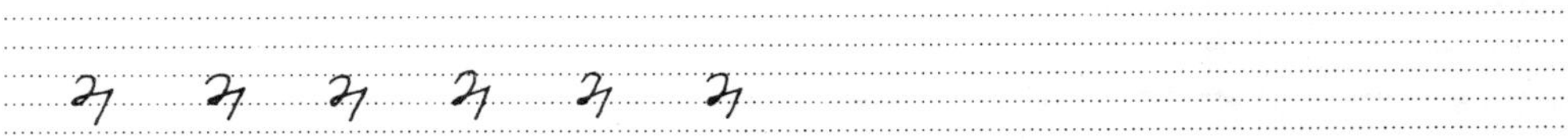

Das t ragt also nur noch eine halbe Stufe über die Grundlinie hinaus.

Üben Sie folgende Beispiele: *Wut, gut, Mut, Butter, Mutter, guten Tag.*

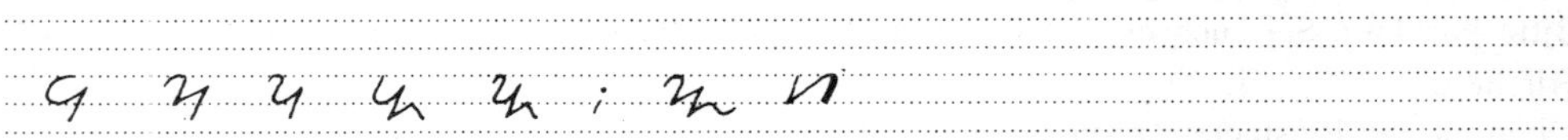

Jetzt haben Sie eine neue »gedachte Grundlinie«, d. h. Anschlußzeile. Die Systemurkunde der Deutschen Einheitskurzschrift sagt zur Stellung und Verbindung der Zeichen: »Die Stellung des schon geschriebenen Zeichens bestimmt die Anschlußzeile für das folgende.«

Stellen Sie d halbstufig tiefer, dann wird es regelrecht in zwei Hälften geteilt; die Kopfschleife bleibt über der Grundlinie, der Fußbogen kommt halbstufig unter die Grundlinie, der Schnittpunkt ist genau an der Grundlinie.

Schreiben Sie das Beispiel *Ruderer.*

Stellen Sie ein 2stufiges Zeichen halbstufig tiefer, rechnen Sie von der Obergrenze eine halbe Stufe ab und gehen eine halbe Stufe unter die Grundlinie.

Schreiben Sie die Beispiele: *Tuch, Kuchen.*

Die Tiefstellung von einstufigen oder 2stufigen Zeichen ist problemlos. k und n dagegen verlieren in der Tiefstellung ihren Anstrich. Ein Beibehalten der Ausgangsform wäre unhandlich.
Üben Sie folgende Beispiele: *Ruck, Huhn, nun.*

au wird durch enge Verbindung, halbstufige Tiefstellung und Verstärkung des nachfolgenden Mitlauts dargestellt.
Schreiben Sie folgende Beispiele: *Buch : Bauch, tauchen, auch.*

Nach »um« kehrt man zur Grundlinie zurück.
Schreiben Sie bitte die folgenden Beispiele: *umgeben, Umkehr, Umweg.*

Kürzel

Das Kürzel »noch« ist n auf der Grundlinie mit einem von unten nach oben geschriebenen ch. Das Kürzel »sich« wird wie ch geschrieben, es ist jedoch eine Ganzlänge (von der Obergrenze bis zur Untergrenze).
Die Vorsilbe »ent-« beginnt an der Oberlinie wie Abstrich-t und geht dann über zum Linksauslauf. Die Vorsilbe »ant-« wird wie »ent-« geschrieben, jedoch verstärkt. »Ent-« und »ant-« werden nur als Vorsilben, bei Fremdwörtern oder Eigennamen angewendet (z. B. Anton, Antenne).
Das Kürzel »auf« wird durch ein einstufiges Flammenzeichen dargestellt (wie v, nur einstufig).
»Von« ist ein zweistufiges Flammenzeichen und »vom« ein zweistufiges Flammenzeichen mit einer kleinen Schleife.
Das Kürzel »unter« ist wie v, jedoch mit einer einstufigen Kopfschleife.
Merke: *Die neuen Kürzel, außer »noch«, sind linksauslaufende Zeichen, die in der Verbindung eine Schleife erhalten.*
Kürzelbeispiele: Dem Bewerber entgegenkommen. Anton und Ute sind gut beraten. Udo und Jochen sind auf dem Weg nach Hannover. Der Unternehmer war mein Vater. Komme vom Dach herunter. Carmen hat sich verrechnet. Anton nahm das Auto von Uwe. Nun kann er noch nachdenken. Er atmete auf. Die Aufgabe ist erkennbar. Der Kurde fuhr nach Eindhoven. Die Beete verwuchern. Werden die Rehe hervorkommen? Taube Ohren.

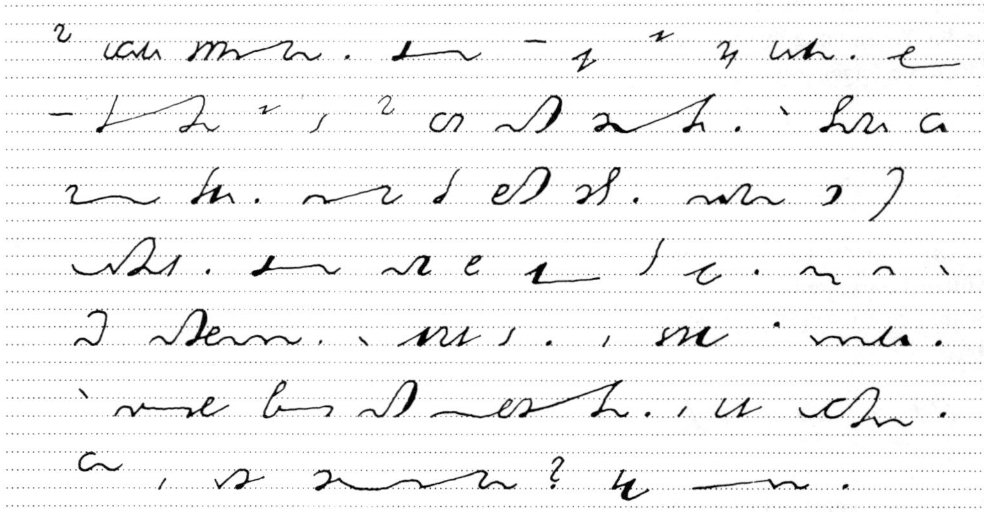

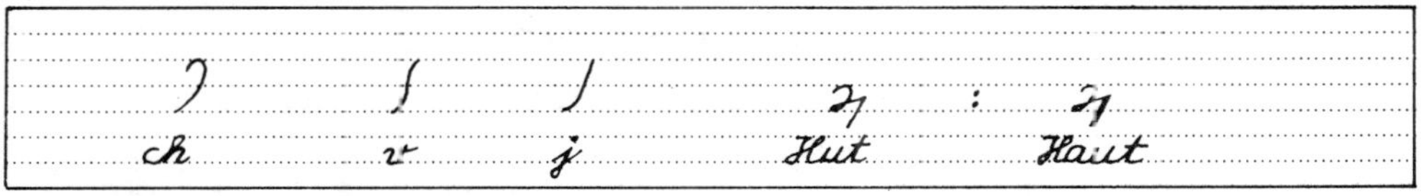
ch
v
j
Hut
Haut

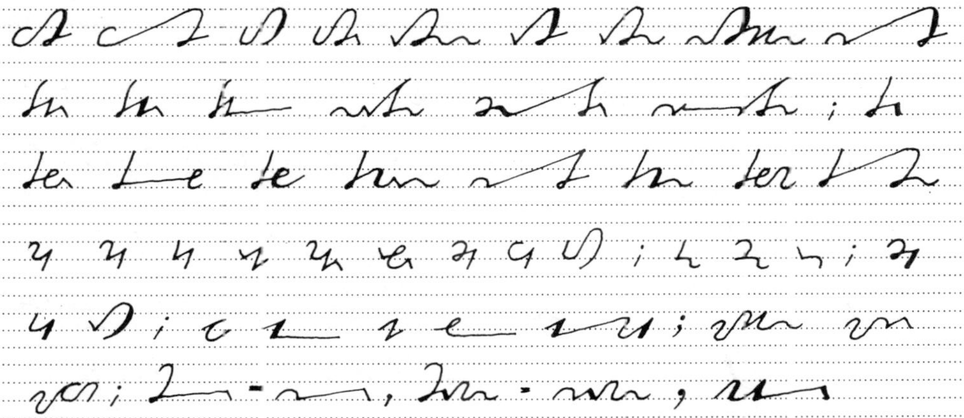

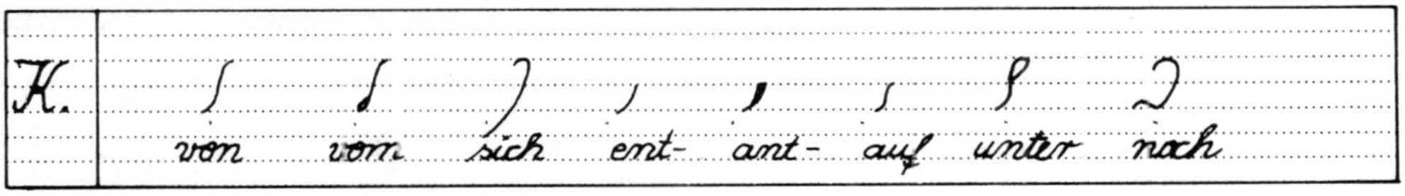
K.
von
vom
sich
ent-
ant-
auf
unter
nach

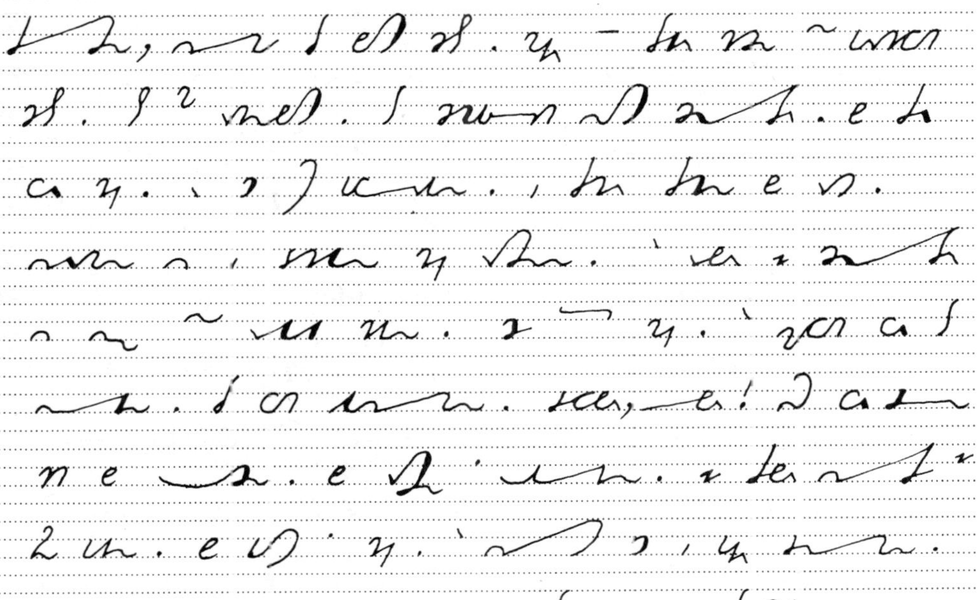

Wiederholung I

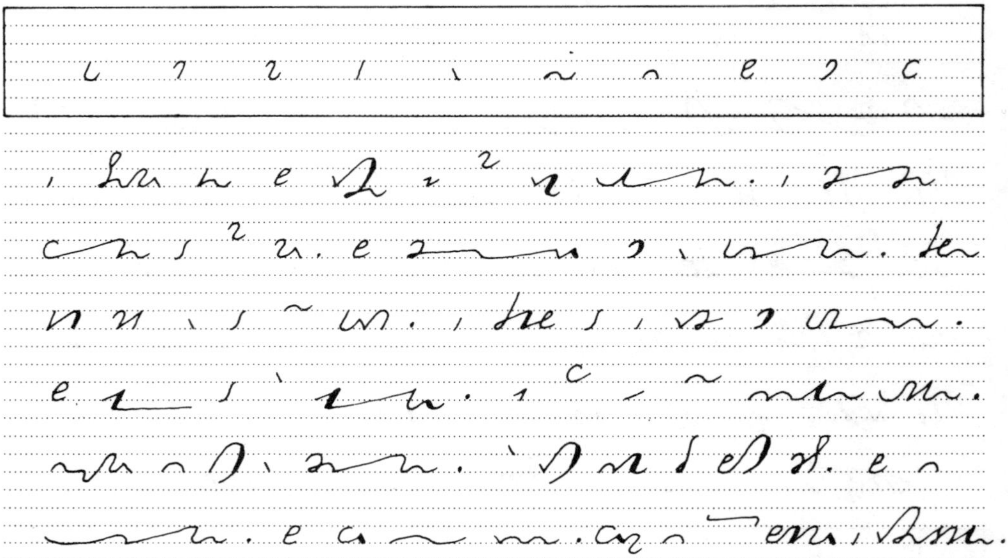

K.

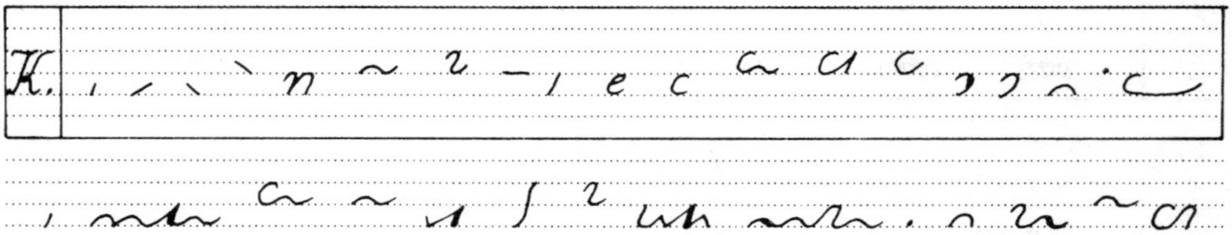

Wiederholung II

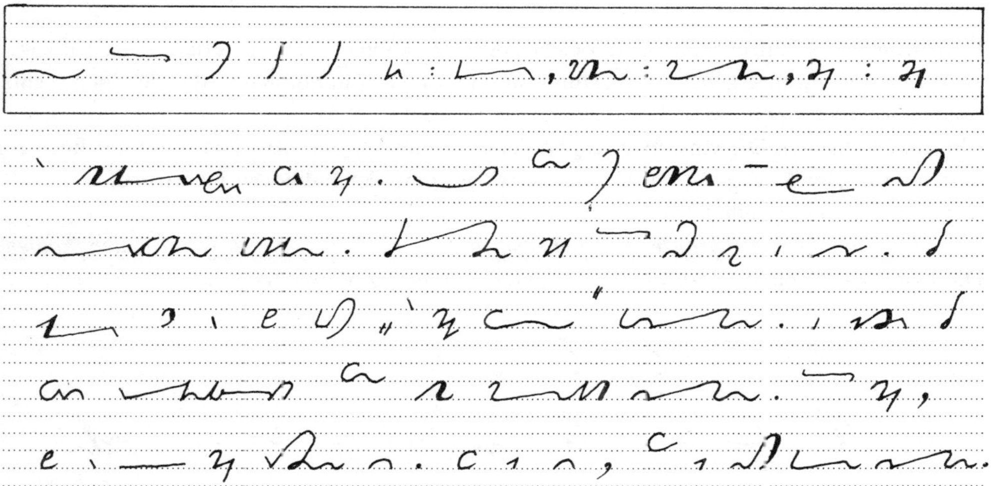

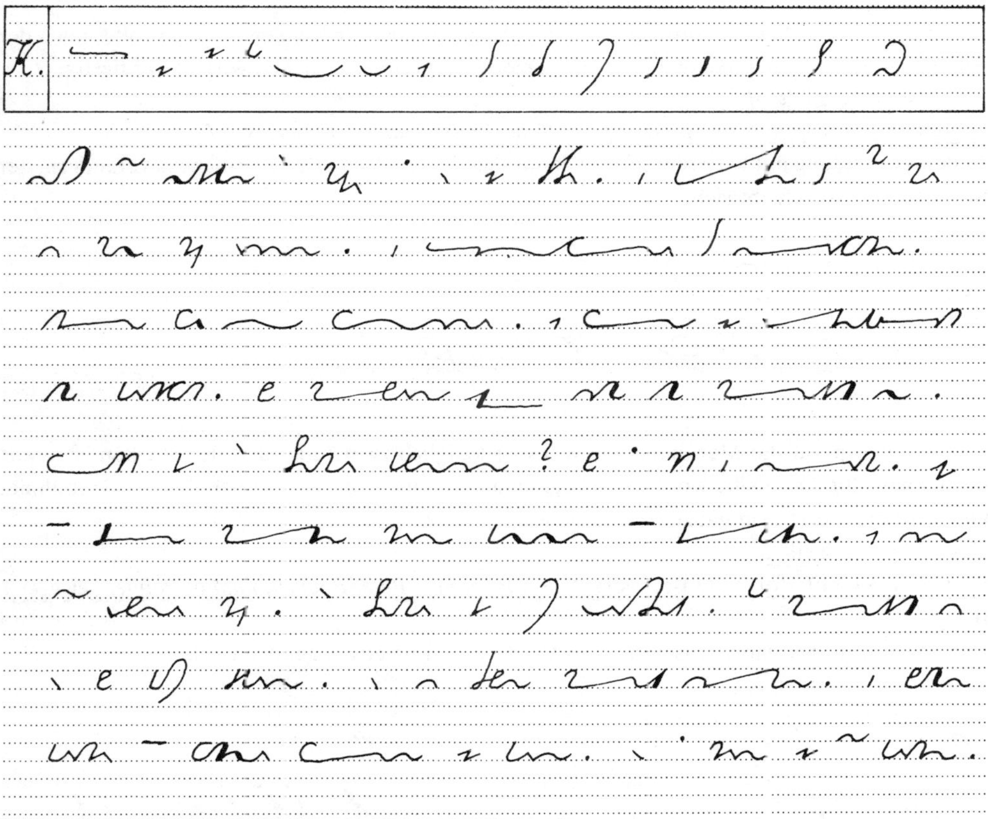

Lektion 5: f, pf, p, cht, i, ei (ai)

Rechtsrunde Oberlängen werden die Zeichen dieser Lektion genannt: Oberlängen deshalb, weil sie bis zur Obergrenze gehen, also 2stufig sind, und rechtsrund deshalb, weil sie einen rechtsrunden Auslauf haben.

f ist ein 2stufiges d. Die einstufige Kopfschleife beginnt auf der Oberlinie und führt hoch zur Obergrenze. Der Rücken ist im Abstrich leicht gewölbt, der Fußbogen rechtsrund.

Bitte üben Sie eine Zeile *f.*

Schreiben Sie folgende Beispiele: Feder, Faden, Foto, Fete, Futter, Neffe, Ofen, Kufen, kaufen.

Die Kopfschleife bleibt einstufig und verändert sich in der Verbindung nicht.

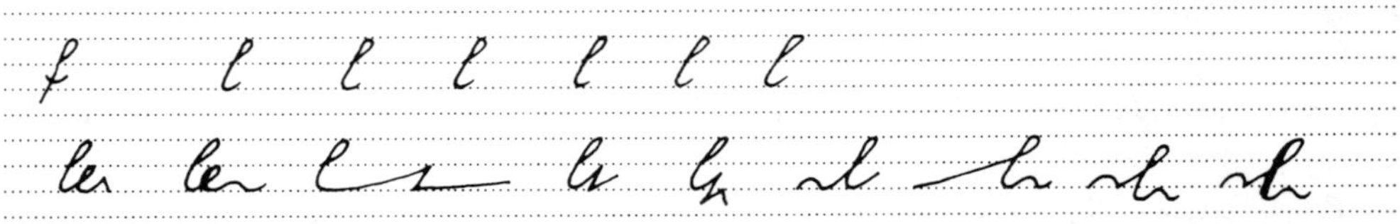

pf hat die Merkmale wie f, doch sind die Kopfschleife und der Rücken stark gewölbt, auch der Fußbogen ist dementsprechend breiter. Verzerrt dargestellte Zeichen wirken kopflastig.

Üben Sie eine Zeile *pf.*

Schreiben Sie folgende Beispiele: *Pfad, Pfote, Pfeffer, tapfer, Opfer, Kupfer.*

In der Verbindung mit anderen Zeichen kann sich die Kopfschleife des Zeichens verändern, der Schnittpunkt verschiebt sich.

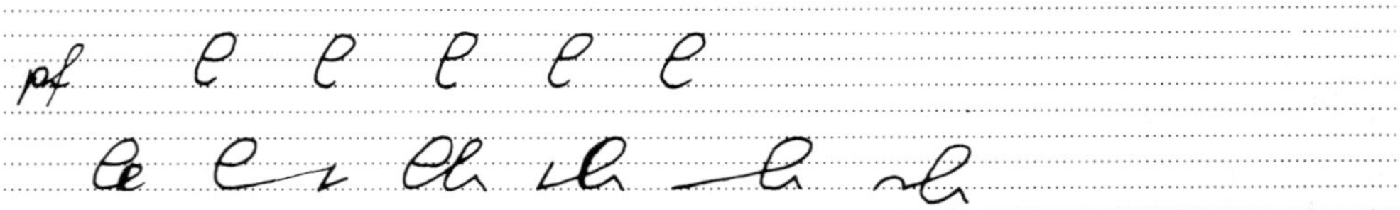

Das Zeichen p hat die Merkmale wie w, es ist lediglich zweistufig, und der Rücken ist etwas flacher gewölbt. Der halbe Kopfbogen beginnt an der Obergrenze und reicht bis zur Grundlinie, hier wird angesetzt zum ganzen Fußbogen.

Üben Sie eine Zeile *p.*

Schreiben Sie bitte folgende Beispiele: *Peter, Pate, pur, Pute, Pocken, knapp, Pappe, bewegen : Wappen.*

Der obere Teil des Aufstrichs zum p im Wortinneren ist etwas gebogen, wie bei w.

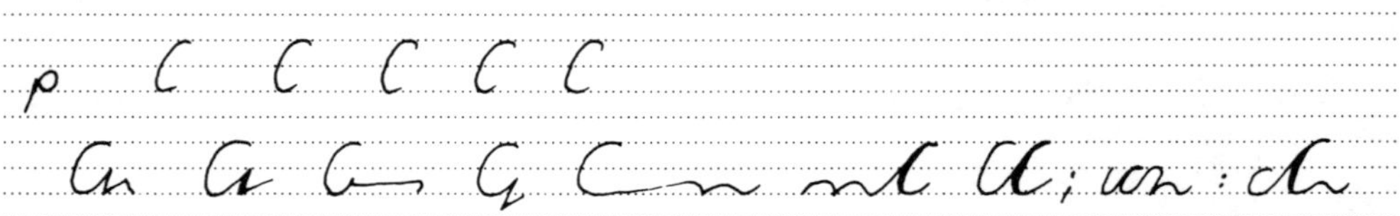

Das Mitlautfolgezeichen cht wird wie m, jedoch 2stufig geschrieben.
Bitte üben Sie eine Zeile *cht*.
Schreiben Sie folgende Beispiele: *Nacht, kocht, achten, raucht, Wacht, Wucht, Docht.*

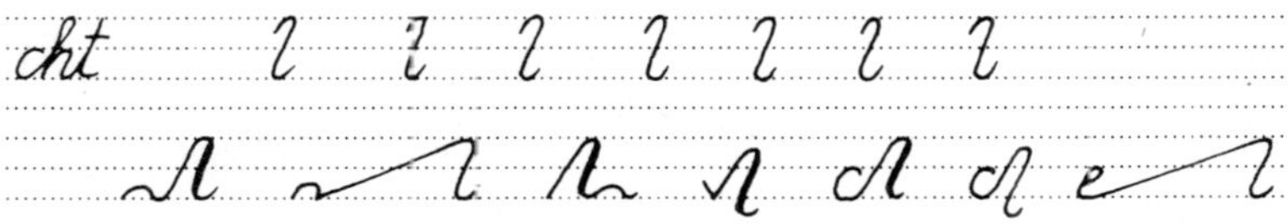

In der letzten Lektion haben Sie die Tiefstellung kennengelernt. In dieser Lektion erarbeiten Sie das Gegenteil dazu, nämlich die Hochstellung. Die halbstufige Hochstellung des folgenden Mitlautzeichens deutet das Inlaut-i (ie) an.

Die Hochstellung kleiner Zeichen:
Beispiel: *Teer : Tier, Deck : dick, wen : Wien.*
Die Hochstellung mittlerer Zeichen:
Beispiel: *Wege : Wiege, Riemen.*
Die Hochstellung großer Zeichen:
Beispiel: Hefe : rief, Rechte : richte, Tip.

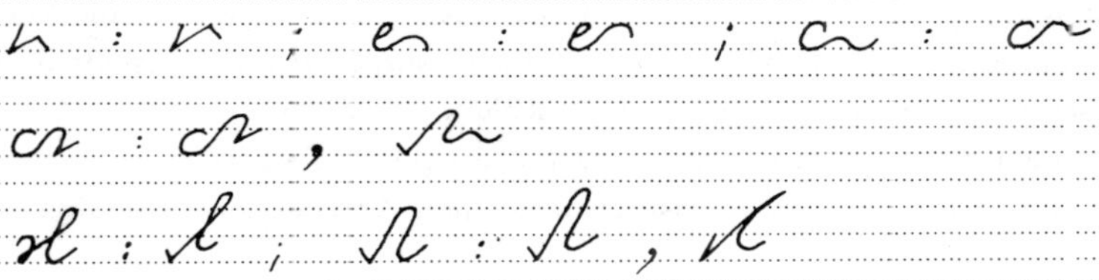

Inlaut-ei wird durch weite Verbindung mit einer halbstufigen Hochstellung des nachfolgenden Mitlauts versinnbildlicht.
Beispiel: *Riegen : Reigen, rief : reif, riechen : reichen, Wicht : weicht.*

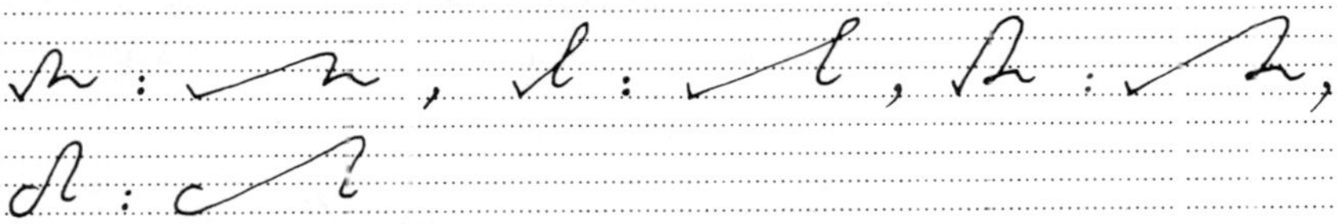

Bei Anlaut-i und -ei erfolgt der Anstrich von der Grundlinie, und der nachfolgende Mitlaut wird halbstufig hochgestellt.
Beispiele: *Tier : ihr, Wien : ihn, nimm : ihm, weigern : Eiger, reifer : Eifer.*

Auslaut-i (ie) und -ei erkennen Sie aus der Gegenüberstellung.
Schreiben Sie die Beispiele: *wie, bei.*
Auslaut-ei kann auch bei -ai angewendet werden.
Schreiben Sie die Beispiele: *Mai, Kai.*

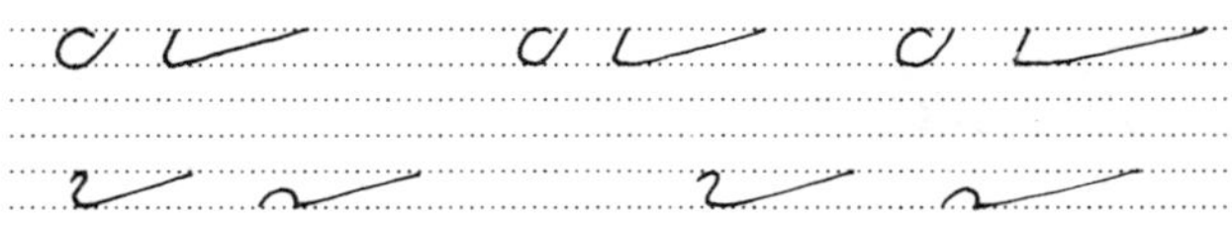

Kürzel

Das Kürzel »mit« wird durch ein 1¹/₂stufiges m dargestellt. Die halbstufige Verlängerung des m deutet das i an. Es steht auch für »mitt-« (Mitte, mitten), nicht aber für »miet-« (die Miete). »Für« wird durch ein f dargestellt. Bei dem Kürzel »wi(e)d(e)r« werden w und d verschmolzen. w ist halbstufig hochgestellt, der Fußteil geht in die Kopfschleife des d über.
»Doch« besteht aus einem d mit einem von unten nach oben geschriebenen ch.
»Ohn(e)« wird durch einen halbstufigen o-Anstrich und einen Abstrich zur Grundlinie dargestellt.
Beim Kürzel »da-« in der Wortverbindung wird das d verstärkt.

Schreiben Sie bitte folgende Beispielsätze:
Bitte in der Mitte der rechten Fahrbahn fahren. Mitten im Park sind Rotbuchen. Ich danke Dir für den guten Tip. Die richtige Tonwiedergabe ist wichtig. Daher ist die Reparatur am Auto doch richtig. Ohne Hupe darf kein Wagen fahren. Ohne Widerrede hatte er die Angaben beachtet.

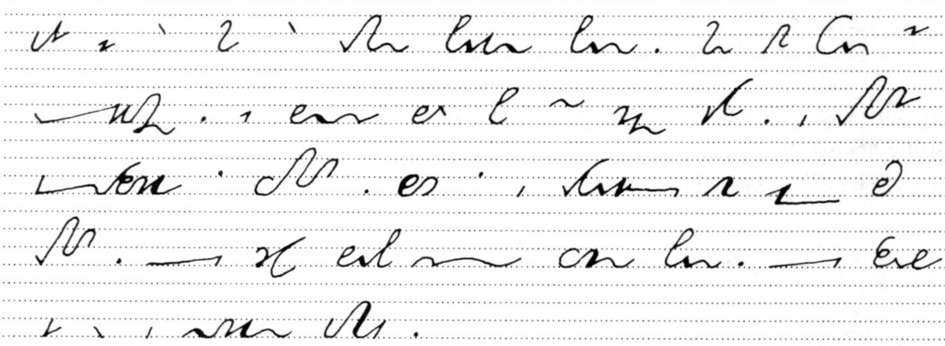

Merke: *Durch enge Verbindung und halbstufige Hochstellung des folgenden Mitlautzeichens wird i (ie) angedeutet. i (ie) am Wortende wird durch einen einstufigen Aufstrich, ei (ai) durch einen einstufigen weiten Aufstrich dargestellt. ä = e. ä darf durch e versinnbildlicht werden, wenn keine Verwechslungsmöglichkeit gegeben ist. Zusammengesetzte Wörter werden getrennt, wenn das Wortbild undeutlich wird.*

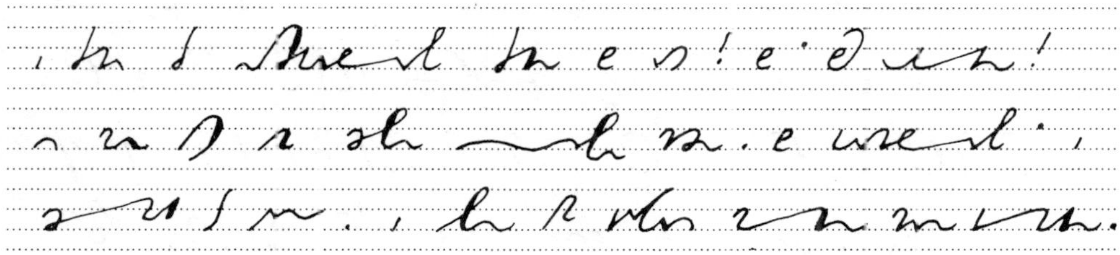

Langschriftliche Übertragung Seite 120.

f p pf cht -i- -ie- -ei- -ai- -i(e) -ei

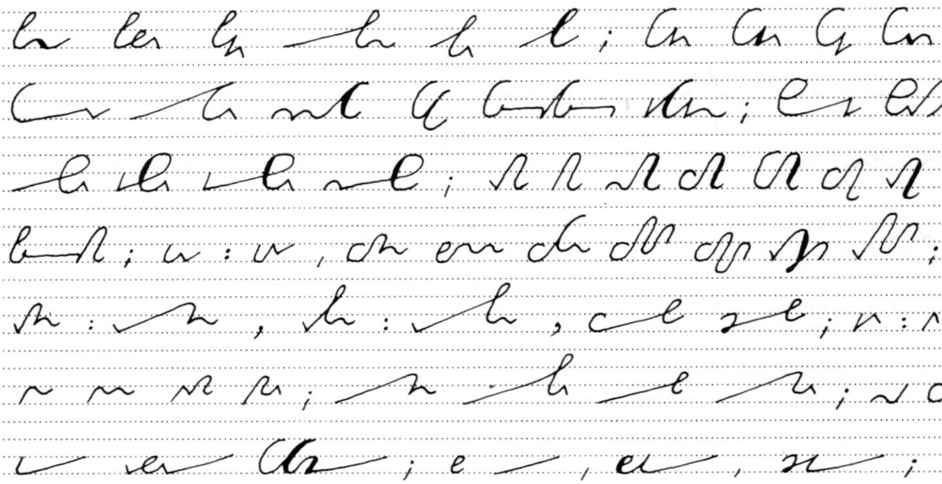

K.

mit(t) für wi(e)d(e)r doch ohne da-her

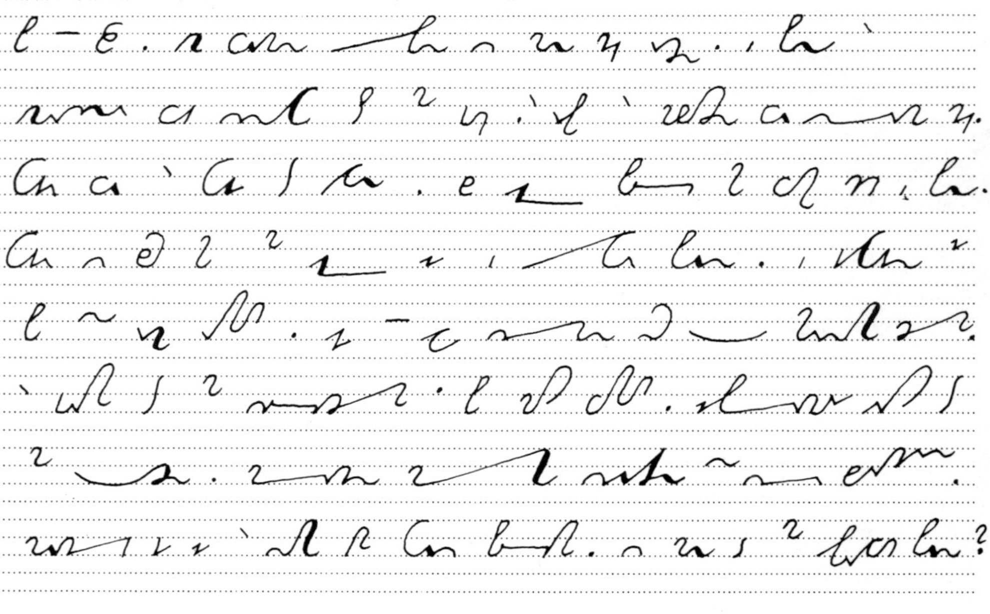

Lektion 6: l, ll, rr, er-r

Der Mitlaut l ist eine Punktschleife. Bei der Punktschleife verschmelzen An- und Abstrich zu einem Punkt.
Am Wortanfang fehlt der Anstrich, im Wortinneren ist l eine Punktschleife mit An- und Ausstrich, am Wortende fehlt der Ausstrich.
Bitte beachten Sie, daß die Schleife nicht offen bleiben darf. Fahren Sie nicht mehrmals im Kreis. Üben Sie so lange, bis Sie mit *einem* Zuge eine ausgefüllte Schleife erreichen.
Vorlaut-l wird etwas über die Grundlinie angehoben.
Schreiben Sie folgende Beispiele: *Kehle, Mehl, Geld, Held, Liebe, Leib, Lupe, Apfel.*

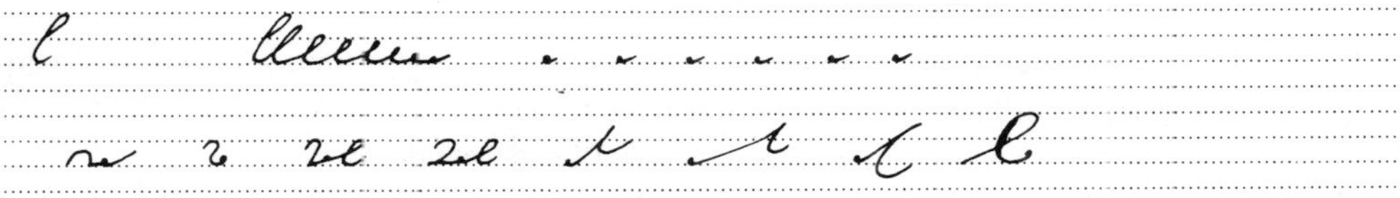

Doppel-l wird auch in der Kurzschrift geschrieben, da es zahlreiche Wörter sowohl mit als auch ohne Verdoppelung des l gibt. Die beiden Punktschleifen müssen eng nebeneinanderstehen. Aus rationellen Gründen wird nur das erste l verstärkt, und zwar auch in einem Zug durch Druck auf das Schreibgerät.
Schreiben Sie bitte: *Kehle : Kelle, hell, Hall, Halle, fallen.*

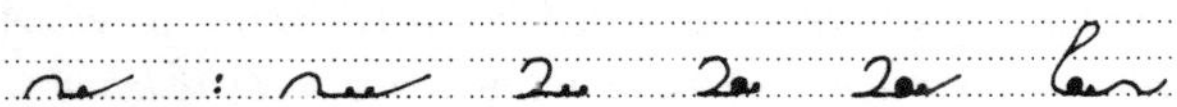

In der Hochstellung liegt das l dicht unter der Oberlinie.
Bitte üben Sie: *Hilfe, Hülle, heilig.*

In der Tiefstellung ist l aus schreibtechnischen Gründen rechtswendig zu schreiben. Nach hoch- oder tiefgestelltem l wird so weitergeschrieben, als sei l halbstufig.
Bitte schreiben Sie: *Mulde, huldigen, Mull.*

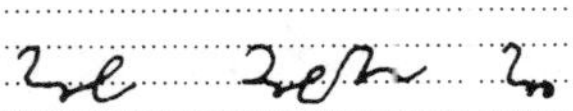

Doppel-r wird ebenfalls in der Kurzschrift geschrieben. Auf die Schräglage ist besonders zu achten.
Schreiben Sie bitte: *Herren, knarren, knurren, verharren.*

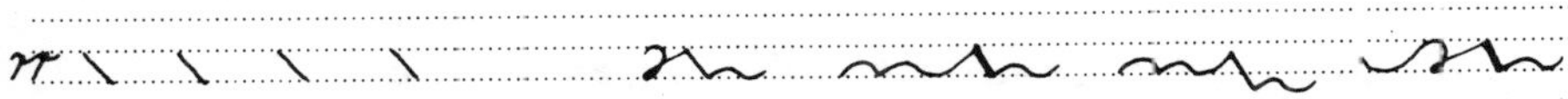

Auch in der Tiefstellung wird rr angewendet.
Schreiben Sie bitte folgende Beispiele: *Furcht: murren, knurren.*

Die Vorsilbe er-r wird durch die Verschmelzung der beiden r zum Doppel-r dargestellt.
Bitte schreiben Sie die Beispiele: *erreichen, errichten, erröten.*

Kürzel

»all-« wurde wegen seiner Häufigkeit in die Kürzelsammlung aufgenommen. Das Hilfsverb »will-« steht auf der Oberlinie, und »woll-« hat wegen o einen weiten Ausstrich.
Die Kürzel »voll-« und »völl-« wurden aus dem vor-Bogen gebildet.
Die Nachsilbe -lich ist ein rechtswendiges l und steht auf der Grundlinie. Der Anstrich zum -lich ist gerade, nicht gebogen.

Schreiben Sie die nachstehenden Kürzelsätze:
Es ist mir völlig egal. Alle wollen ehrlich ihre Angaben machen. Wer ist vollkommen? Wer will mit nach Wien fahren. Die Teilnahme an dem Vorlauf war wichtig. Es war ein herrlicher Urlaub in Berlin. Paul und Pauline waren in der Halle völlig alleine. Nur der Torero geht mutig mit den Bullen alleine in die Arenen. Bitte korrigiere morgen noch die Aufgaben. Ich will Dir gerne helfen. Alle wollen den armen Völkern helfen. Ihre Modellvorlagen waren vollkommen. Die Tiere leben wild im Naturpark.

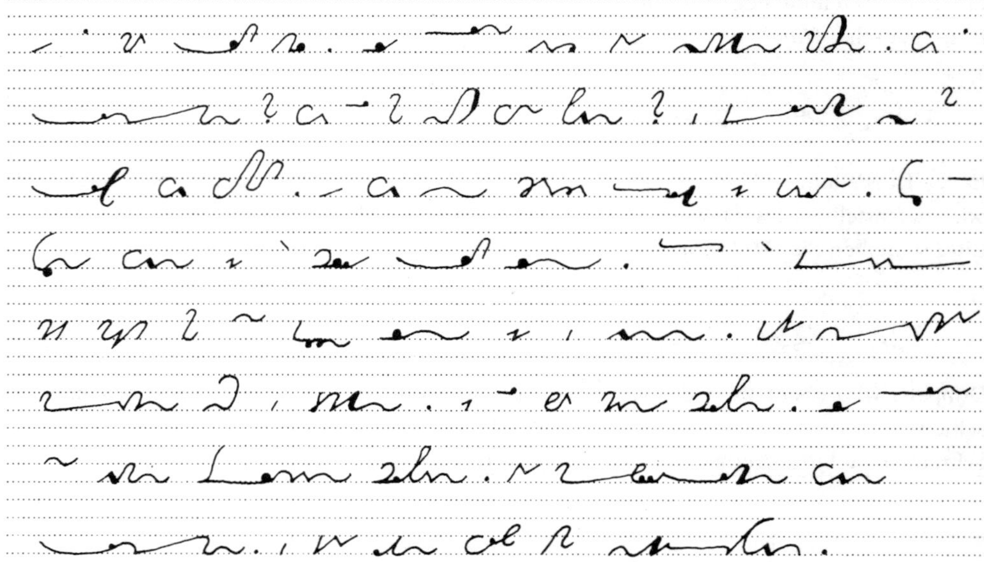

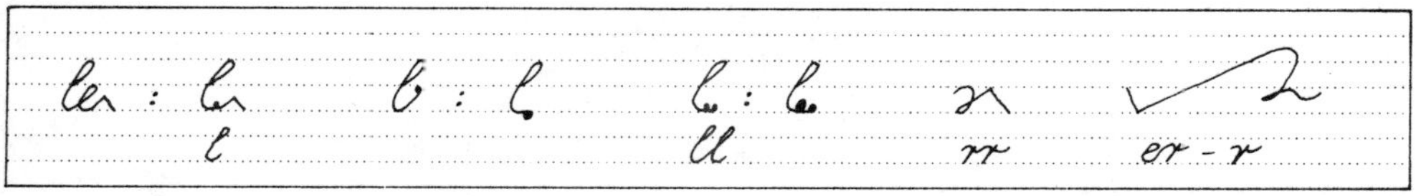
l
ll
rr
er - r

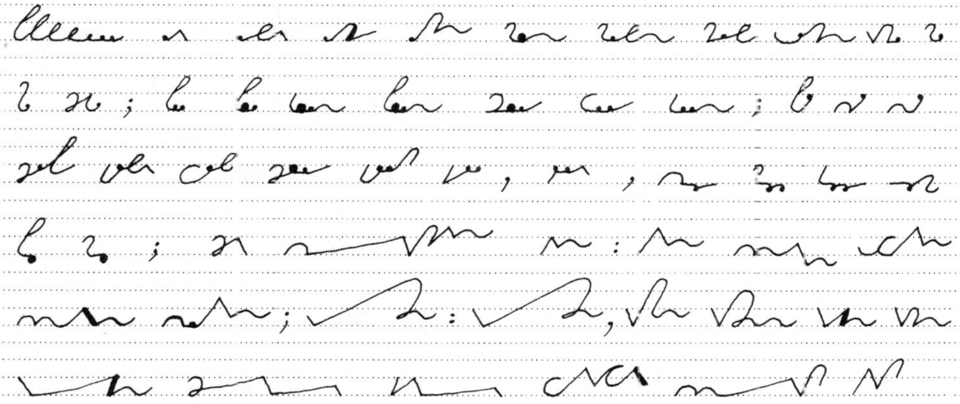

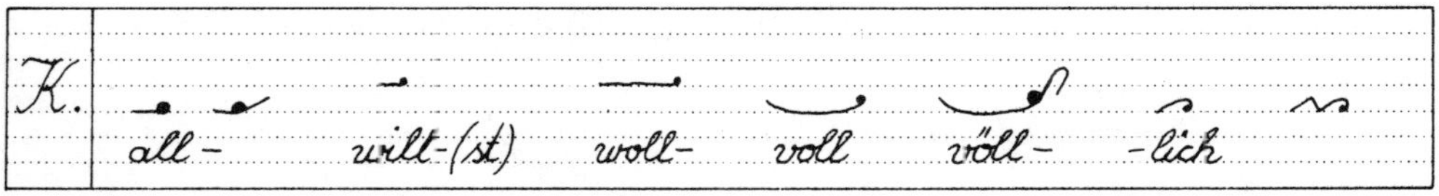
K.
all-
wilt-(st)
woll-
voll
völl-
-lich

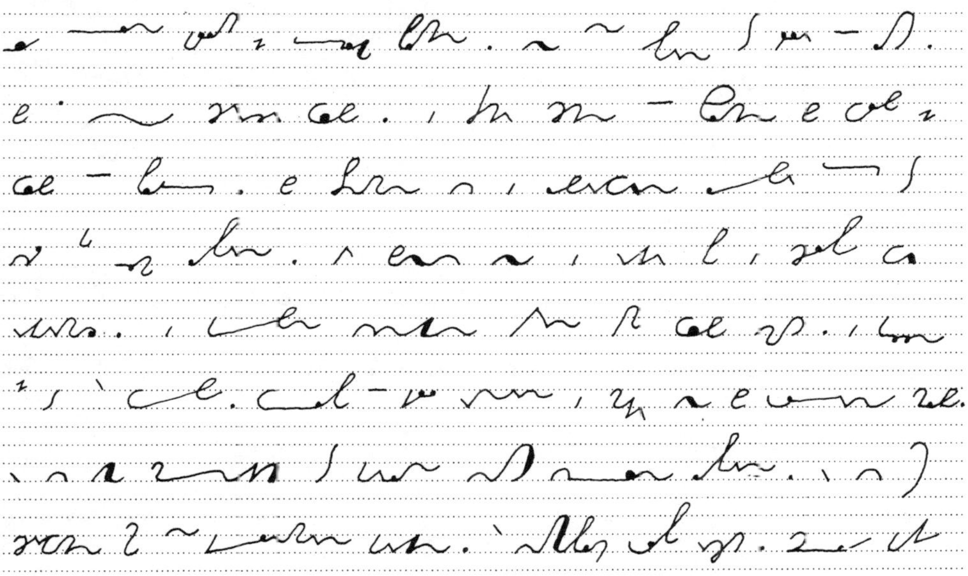

Trainingssätze

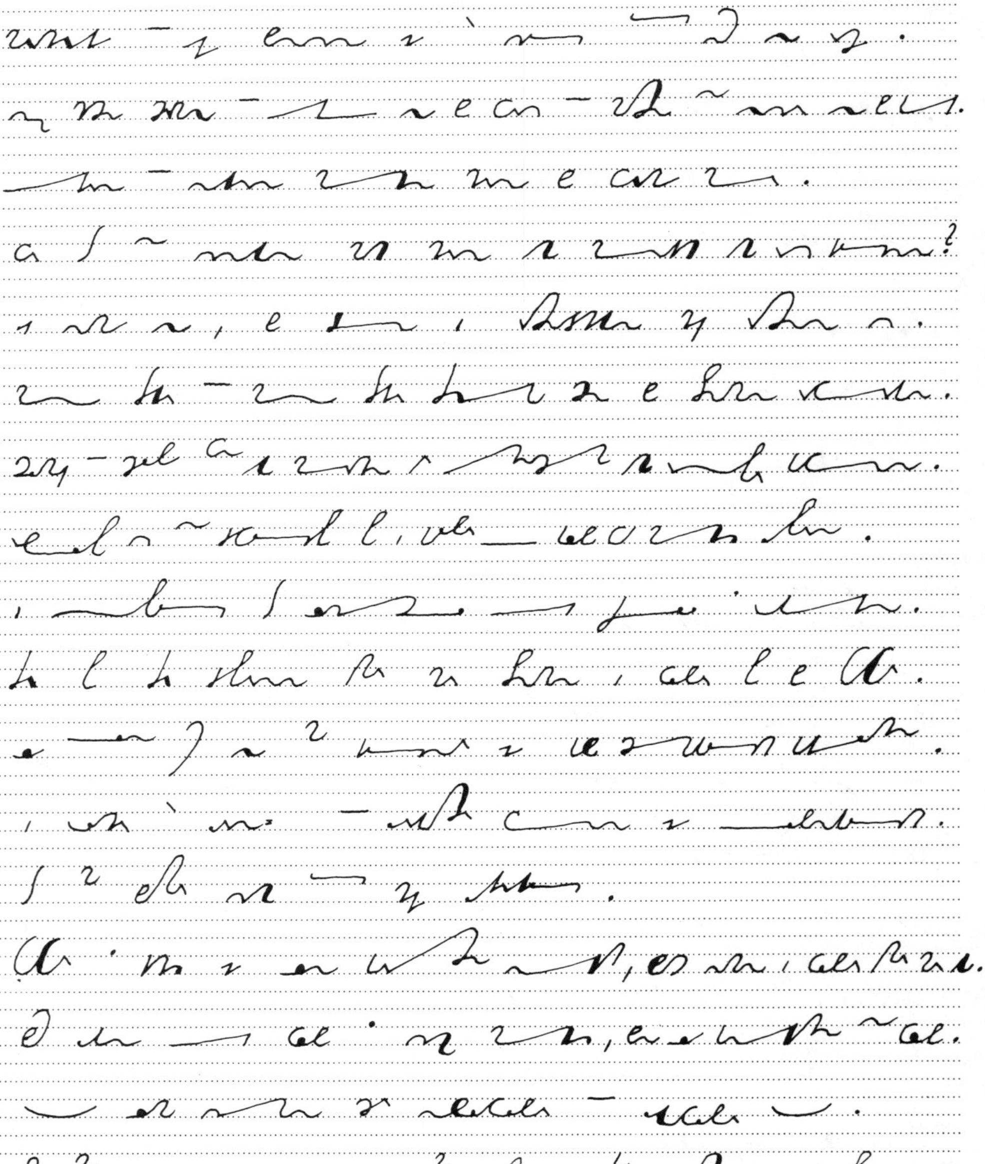

Lektion 7: Mitlautfolgezeichen ng, nd, rd; ü, ä

Das Mitlautfolgezeichen ng ist eine schräge Welle, ein m in der Schräglage. Das Zeichen ng ist immer anzuwenden.
Üben Sie eine Zeile *ng,* und schreiben Sie bitte folgende Beispiele: *Hang, lang, Fang, Enge, Finger, Gong, Hunger.*

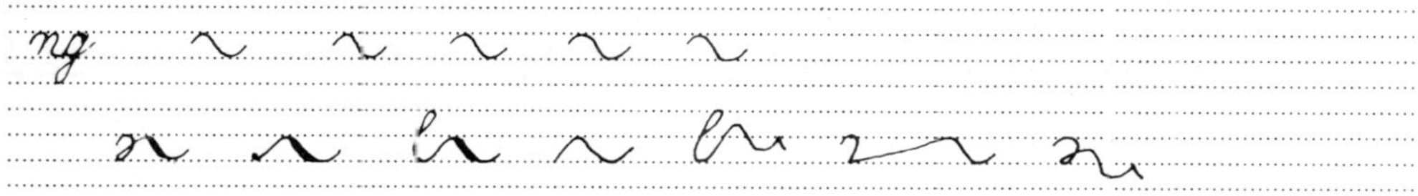

Bei der Mitlautfolge nd wird das n unter die Oberlinie gehoben und mit d verschmolzen. Bei der Hochstellung kommen n und die Kopfschleife des d auf die Oberlinie. Bei der Tiefstellung liegen das n und die Kopfschleife des d auf der Grundlinie.
Üben Sie eine Zeile *nd,* und schreiben Sie folgende Beispiele: *Ende, Wende, Winde, Bund, finden, Kinder, Kunde, Wand, Rand.*

Bei rd wird das r unter die Oberlinie gehoben und mit dem d verschmolzen (Hochstellung siehe nd).
Üben Sie bitte eine Zeile *rd,* und schreiben Sie folgende Beispiele: *Erde, Herde, Pferde, irden, Orden.*

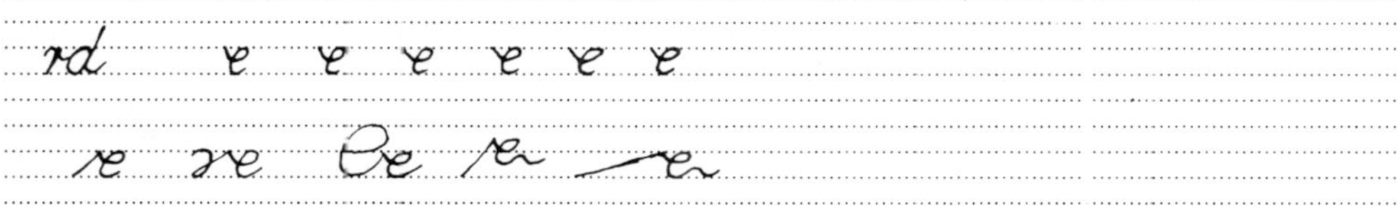

Sinnbild ü wird durch enge Hochstellung und Verstärkung des nachfolgenden Mitlauts dargestellt:
Tier : Tür. Schreiben Sie folgende Beispiele: *Hüne, Bühne, München, Hürde.*

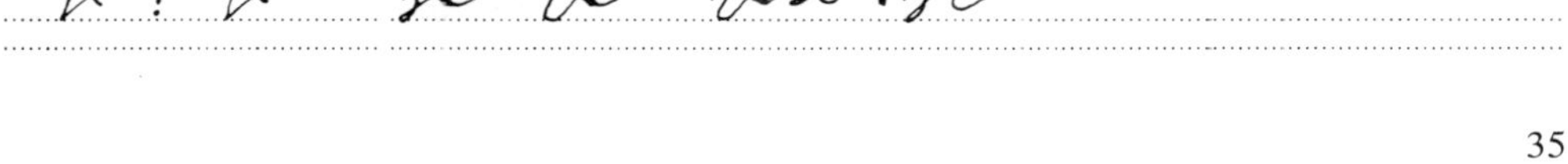

Sinnbild ä wird durch Hochweitstellung und Verstärkung des nachfolgenden Mitlauts dargestellt, denn e darf für ä nicht angewendet werden bei:

a) Möglichkeitsform;

b) Verwechslungsgefahr;

c) Fremdwörter.

Kürzel

»Hätt-« wird gekürzt auf ä-Anstrich mit verstärktem t.

Schreiben Sie bitte: *Er hatte das Auto kaufen wollen: Er hätte das Auto gern, wenn es möglich wäre.*

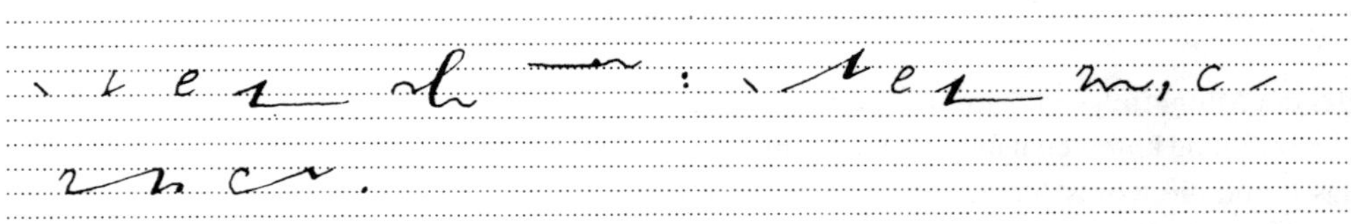

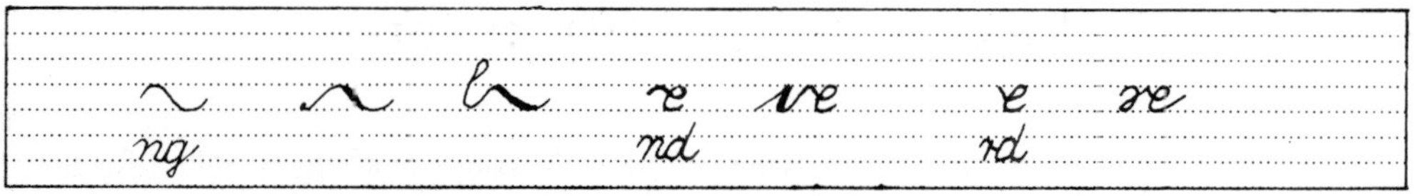

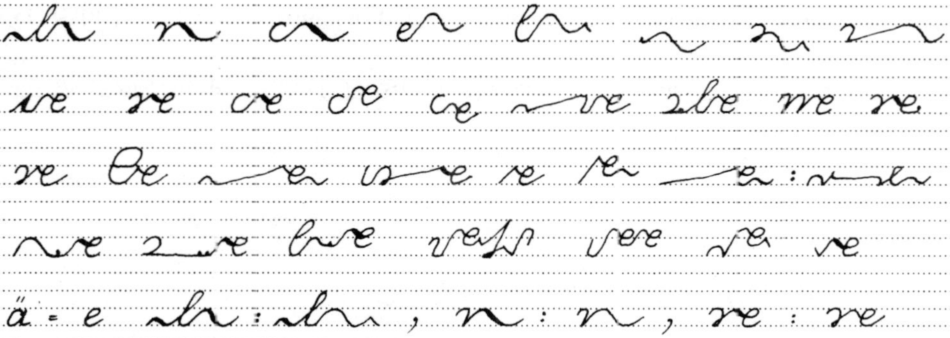

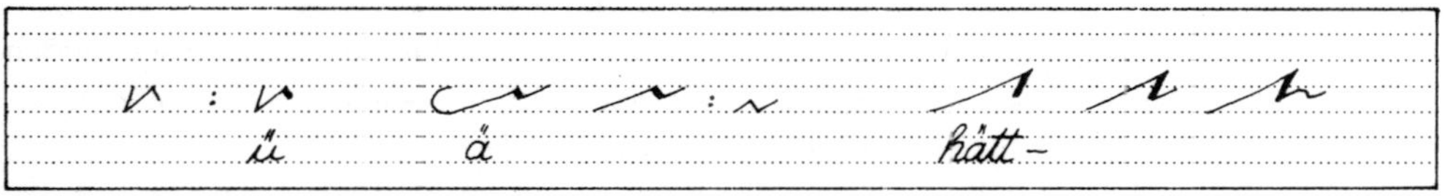

e darf für ä nicht angewandt werden,

a) Möglichkeitsform

b) Verwechslungsgefahr

c) Fremdwörter

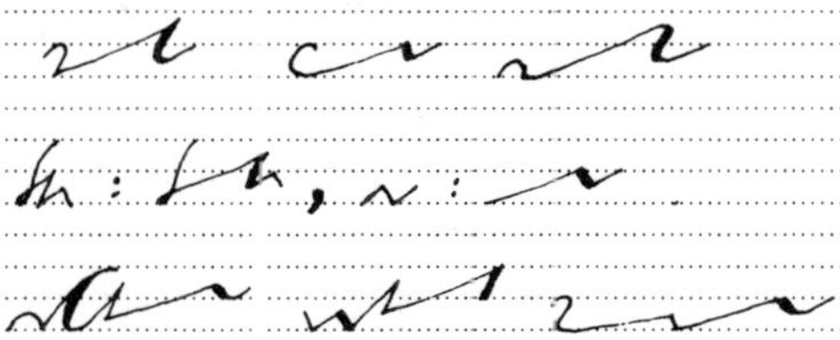

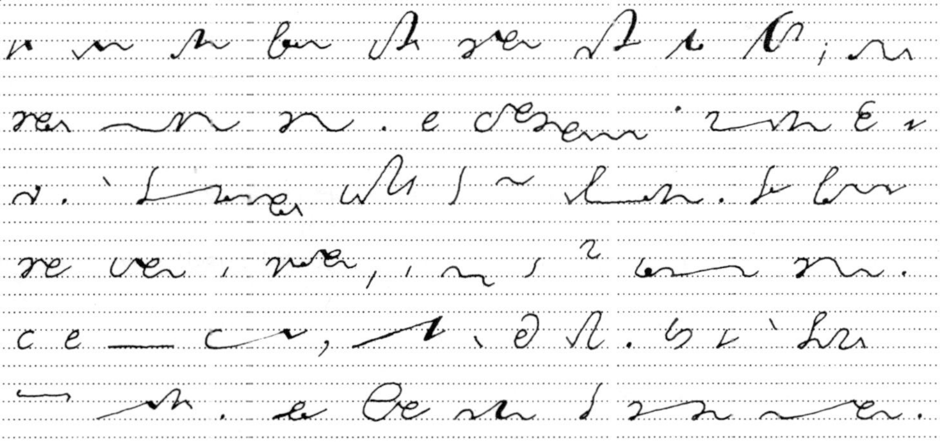

Lektion 8: s, ss (ß); rs, er-s

Das s-Zeichen in der Kurzschrift ist kein Kreis, sondern ein ovales Zeichen, ob halb- oder ganzstufig, ob rechts- oder linkswendig.
Auch ss (ß) wird in der Kurzschrift wegen seiner Häufigkeit immer geschrieben. ss (ß) ist ein einstufiges Oval.
Üben Sie eine Zeile *ss (ß)*, und schreiben Sie folgende Beispiele: *Haß, Faß, Hessen, Essen, Kissen, Kuß.*

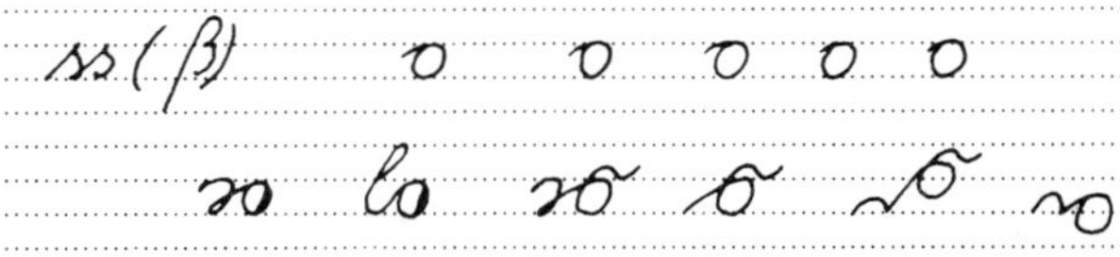

Es ergibt sich von selbst, daß kleine und mittlere Zeichen am oberen Rand angeschlossen werden. Am Beispiel »Fäßchen« erkennen Sie, daß auch große Zeichen oben angeschlossen werden. Schreiben Sie bitte: *eßbar, faßbar, Fäßchen, Gäßchen, Küßchen.*

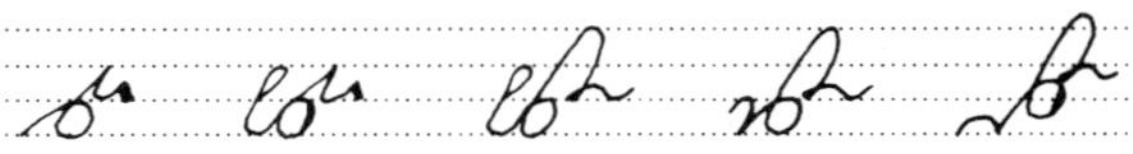

Beginnt ein Wort mit einem Vokal (Selbstlaut), erfolgt der Anstrich von der Grundlinie. Die Hochstellung nach ss (ß) bereitet jetzt keine Schwierigkeiten mehr.
Bitte schreiben Sie folgende Beispiele: *Essig, flüssig, fleißig.*

Merke: *Nach ss (ß) werden alle Zeichen am oberen Rand angeschlossen.*
Auch s ist kein Kreis, sondern ein halbstufiges ovales Zeichen.
Üben Sie bitte eine Zeile das Zeichen *s*, und schreiben Sie folgende Beispiele: *lesen, Besen, Sonne, Sehne, sein, Sack.*

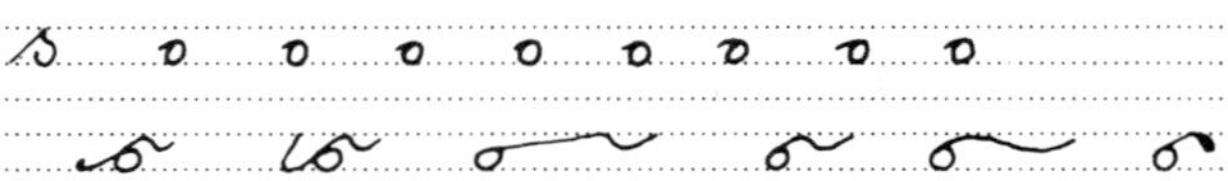

Sie können erkennen, daß auch nach s am oberen Rand weitergeschrieben wird, jedoch nur mit kleinen Zeichen.
Den Anschluß von mittleren und großen Zeichen erkennen Sie an folgenden Beispielen: *Segen, siegen, Summe, Seife, suchen, besuchen, Sucht, Kiesel, Muse.*

Mit diesen Zeichen ist es möglich, den üblichen Anschluß herzustellen, weil sie größer als s sind.
Merke: *Nach s schreiben wir nur mit kleinen Zeichen (l, k, n, r) am oberen Rand weiter. Mit mittleren und großen Zeichen stellt man den üblichen Anschluß her.*
Die Mitlautfolge rs (er-s) setzt sich aus einem verkürzten r-Strich und einem etwas verkleinerten, untergesetzten s zusammen und wird *immer* angewendet.
Bitte schreiben Sie folgende Beispiele: *Person, Vers, ersuchen, ersehnen, ersinnen : Ursache.*

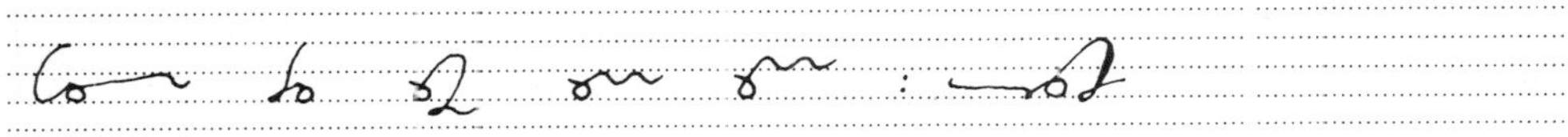

Kürzel

Das Kürzel »als« ist ein verstärktes s mit einem Anstrich von der Grundlinie.
»also« hat noch einen o-Ausstrich.
»des« ist auf das Wortende gekürzt und wird durch ein s auf der Oberlinie dargestellt.
Das Kürzel »sie« ist ein rechtswendiges s auf der Grundlinie – ohne Anstrich, aber mit einem halbstufigen geraden i-Aufstrich zur Oberlinie.
Das Kürzel »aus« ist ein linkswendiges s auf der Grundlinie mit einem Anstrich.
Kürzelsätze: Die Aussagen der Kinder sind indessen wahr. Von dessen Aufgaben müssen Sie sich erkundigen. Also hatte er doch recht. Sie war dabei, als er die Hausaufgaben machte.

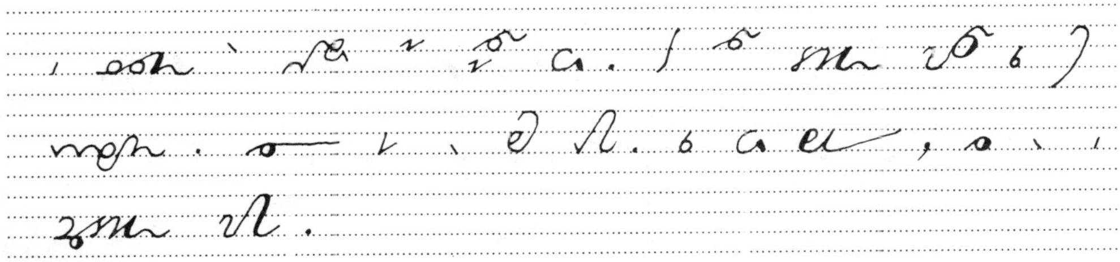

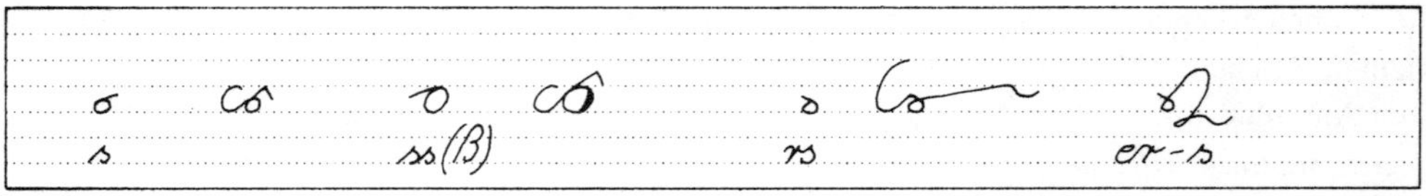
s
ss(ß)
rs
er-s

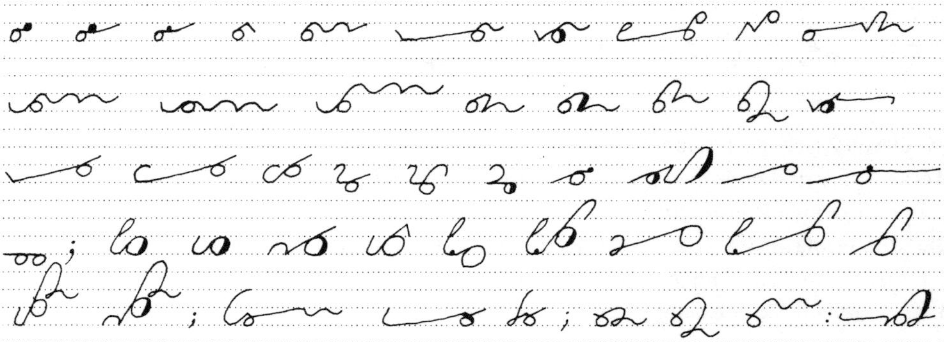

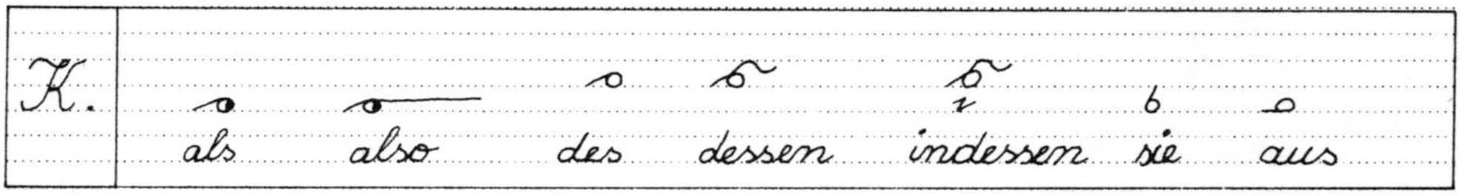
K.
als
also
des
dessen
indessen
sie
aus

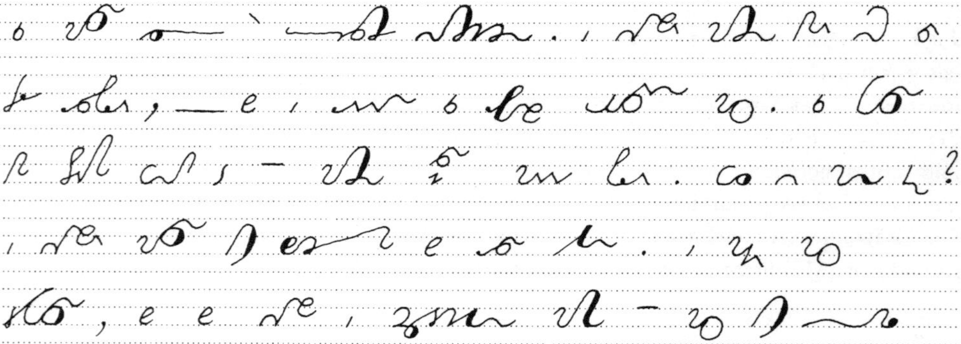

Lektion 9: Aufstrich-t, Anschluß von -e mit Häkchen

In dieser Lektion werden Sie mit zwei neuen Begriffen bekannt gemacht: Abstrich-t und Aufstrich-t.

Abstrich-t schreiben Sie, wenn vor t ein Selbstlaut steht. Steht aber ein Mitlaut vor t, ist Aufstrich-t zu schreiben.

Aufstrich-t ist ein gerader, 2stufiger Aufstrich. Es ist darauf zu achten, daß Aufstriche und Abstriche eine einheitliche Schriftlage behalten.

Schreiben Sie bitte folgende Beispiele: *Welt, kalt, Bart, Hort, heilt, verkauft, bemalt.*

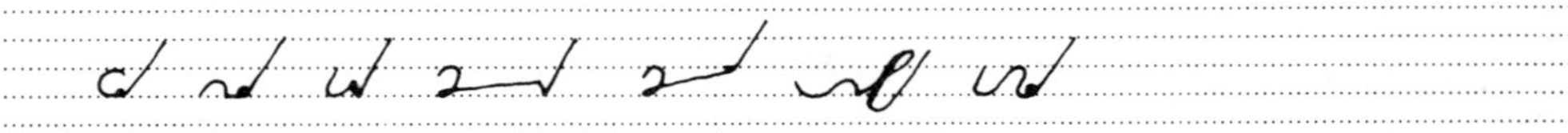

An Aufstrich-t folgende Selbstlaute werden mit Häkchen angeschlossen. Das Häkchen besteht aus einem geraden Abstrich, der sich mit dem vorangehenden Aufstrich deckt, und einem gebogenen Fuß (halbstufiges b).

Bitte schreiben Sie: *er wohnte, die Hälfte, sie weinte.*

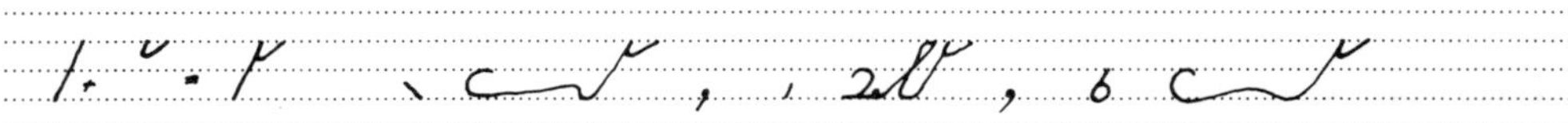

Nach Aufstrich-t wird e vor Mitlauten nicht bezeichnet. Alle Abstrichzeichen werden ohne Häkchen unmittelbar angeschlossen.

Bitte schreiben Sie: *Rentner, die Renten, Halter, bekanntlich, Mantel, Gürtel, verwaltet.*

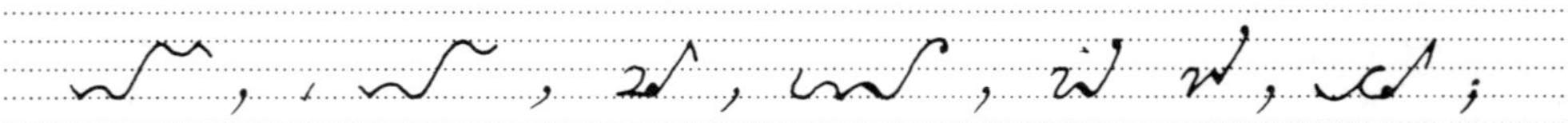

Aufstrich-t nach s wird ebenfalls 2stufig geschrieben.

Bitte schreiben Sie: *hast: sie haßten, Rest, husten, List, reisten.*

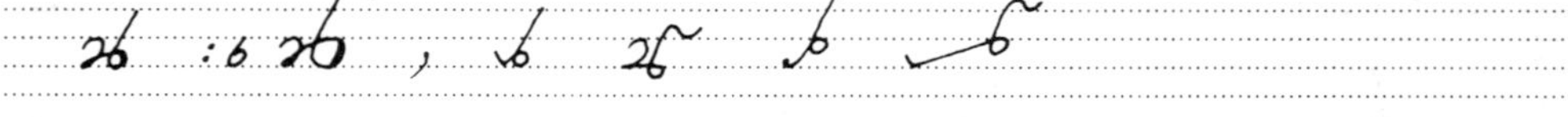

Aufstrich-t nach ss (ß) ist 3stufig. Der obere Rand des ss (ß) bestimmt die Anschlußzeile.

Bitte schreiben Sie: *bewußt, faßte, mußte, wußten.*

Kürzel

Das Kürzel »nicht« wird durch einen 2stufigen Aufstrich oder Abstrich dargestellt. Sie sollten den Aufstrich bevorzugen. »nicht« steht nicht für »Nichte« und »nichtig«.
Für »selbst« steht s mit Aufstrich-t.
Für die Nachsilbe -eit (ait) und -keit steht ein 2stufiger schräger Aufstrich.
Beispielsätze: Für nichts und wieder nichts. Das ist nichts für Dich: mitnichten, vernichten. Er ist sehr selbstbewußt. Die Nonnen sorgen selbstlos für die Waisenkinder. Ihre Einigkeit bietet die Möglichkeit für bessere Mitarbeit. Jeder ist sich selbst der Nächste.
Kurzschriftliche Übertragung Seite 45.

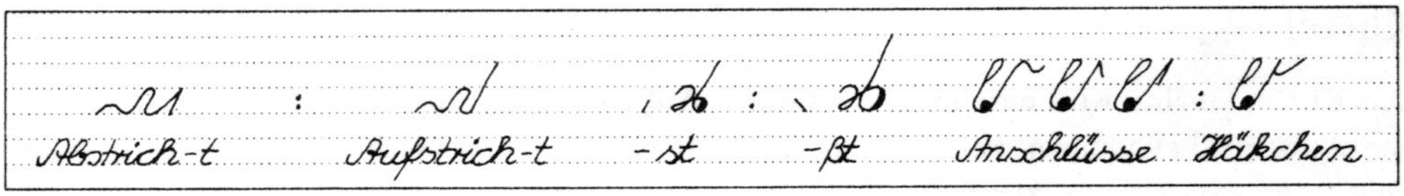
Abstrich-t
Aufstrich-t
-st
-ßt
Anschlüsse
Häkchen

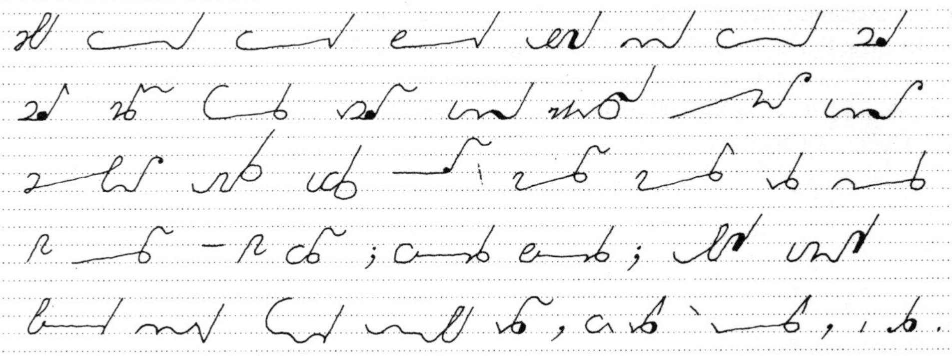

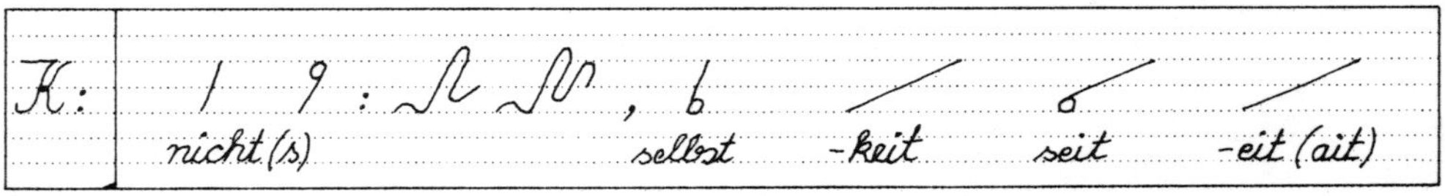
K:
nicht(s)
selbst
-keit
seit
-eit (ait)

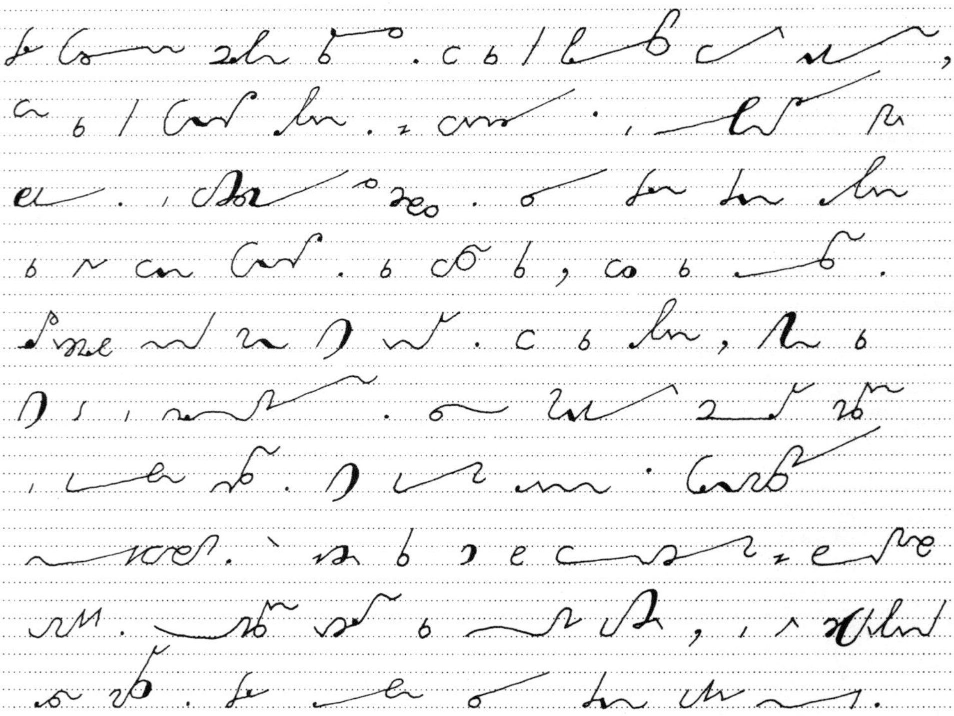

Kürzelbeispiele

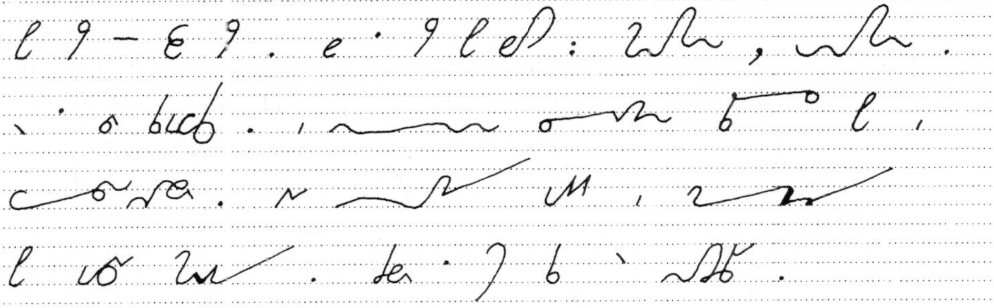

Lektion 10: eu, äu

Die Sinnbilddarstellung für äu wird durch eine weite Verbindung sowie halbstufige Tiefstellung und Verstärkung des nachfolgenden Mitlauts angedeutet:

Schreiben Sie bitte folgende Beispiele: *läuten, Häute, Käufer*

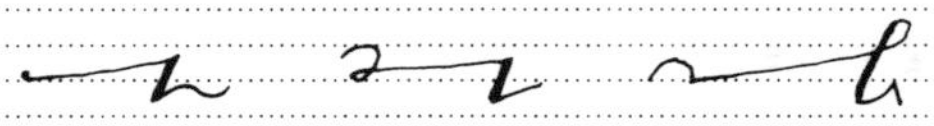

Sinnbild eu wird durch eine weite Verbindung und halbstufige Tiefstellung des nachfolgenden Mitlauts angedeutet.

Schreiben Sie folgende Beispiele: *keuchen, heulen, bedeuten, feucht.*

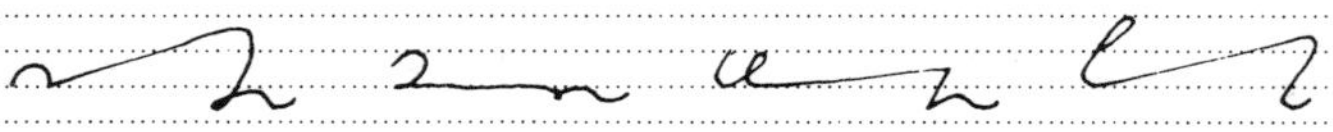

Nach Aufstrich-t und -eit (ait) wird i in der Nachsilbe -ig nicht bezeichnet. s und eit (ait) werden ebenfalls 2stufig geschrieben.

Schreiben Sie bitte: *fertig, beseitigen, gegenseitig, artig.*

Kürzel dürfen zur Verbindung ihren Platz verlassen, wenn die Deutlichkeit gewahrt bleibt.

Schreiben Sie folgende Beispiele: *bisher, seither, seitdem.*

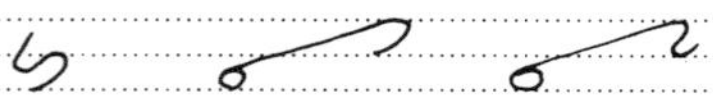

Kürzel

»Vielleicht« wird durch v und ei-Ausstrich dargestellt. Ein ei-Ausstrich auf der Oberlinie steht für »sei«.

Das Kürzel »seid« steht nicht für »Seide«.

Ein k mit Aufstrich-t steht für Kürzel »konnt-«. Weites k verstärkt steht für »könn-«.

Die Darstellung der Nachsilbe -tum (-tüm) erfolgt durch Aufstrich-t mit unmittelbar angeschlossenem m.

Beispielsätze: Der Eigentümer könnte vielleicht den Kauf der Häuser doch noch möglich machen. Helft euch gegenseitig. Seid immer bereit. Sei so gut und hilf mir.

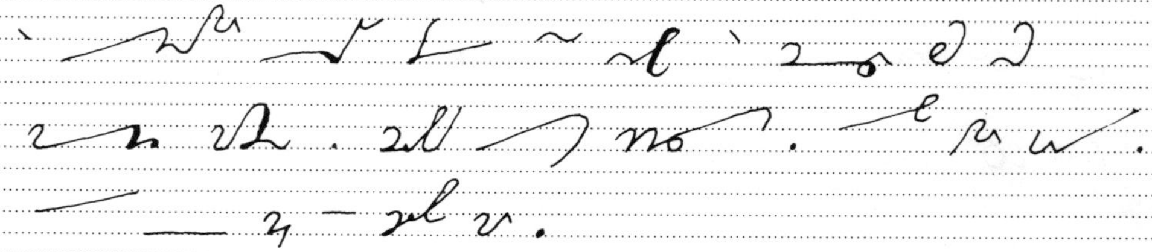

au äu u eu fertig -eitig seitdem

K: vielleicht sei seid konnt- könn-t -tum -tümer

Wiederholung

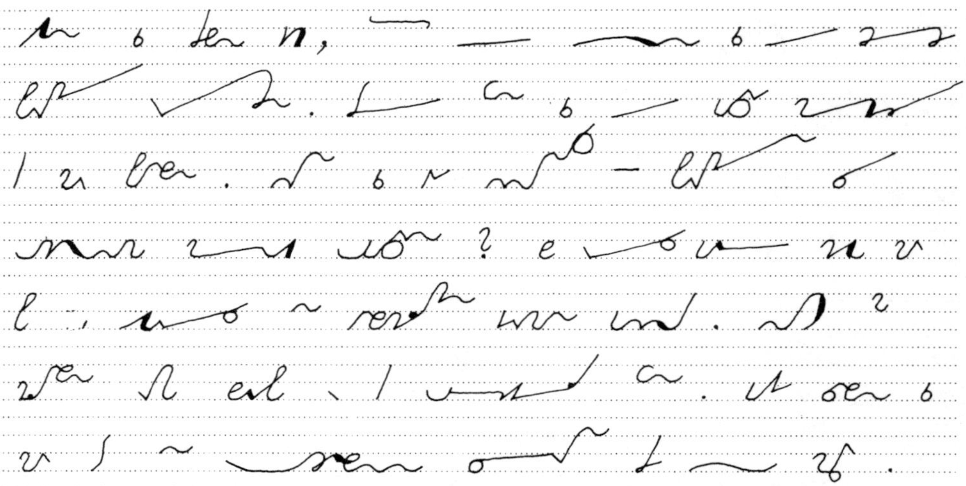

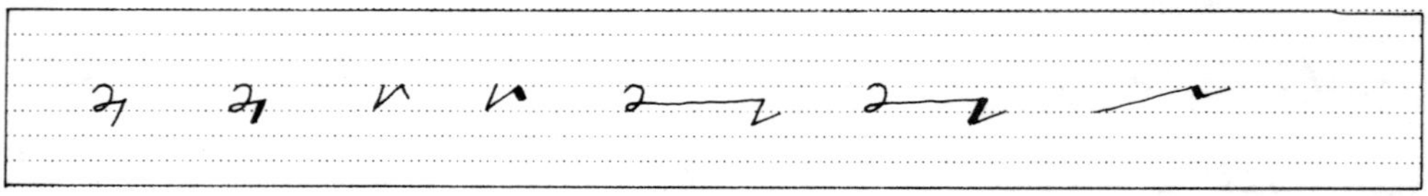

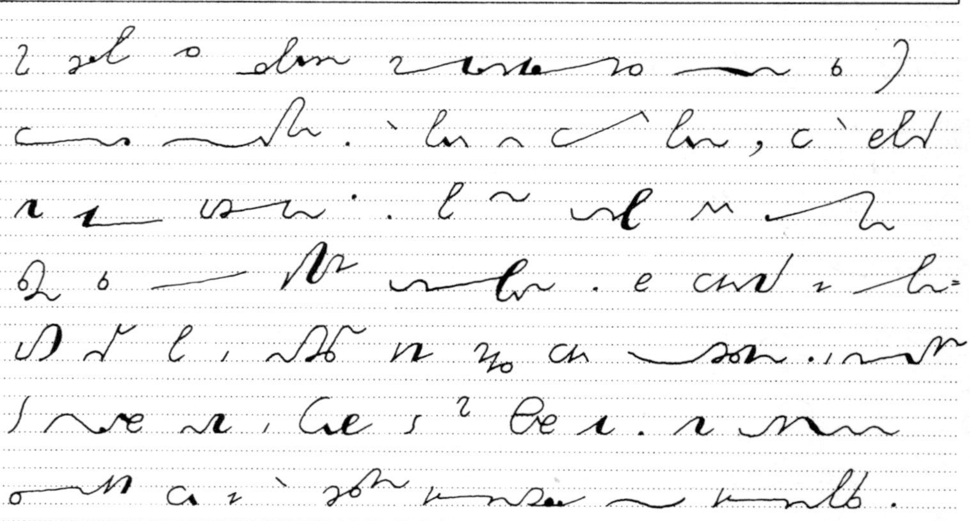

Lektion 11: Weglassen von -ne in eine, meine, deine, keine, seine

Bei den Kürzeln »eine, meine, deine, keine, seine« wird -ne weggelassen.

Übertragen Sie folgende Beispiele: *Das Pferd hat eine Blesse. Hole bitte meine Post. Ich kenne Deine Mutter. Er kennt keine Sorgen. Er holt seine Segel ein.*

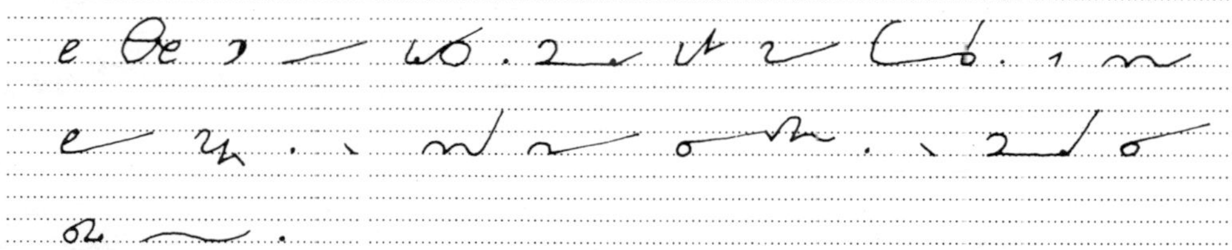

Die Endungen müssen jeweils angefügt werden bei einer, meiner, deiner, keiner und seiner.

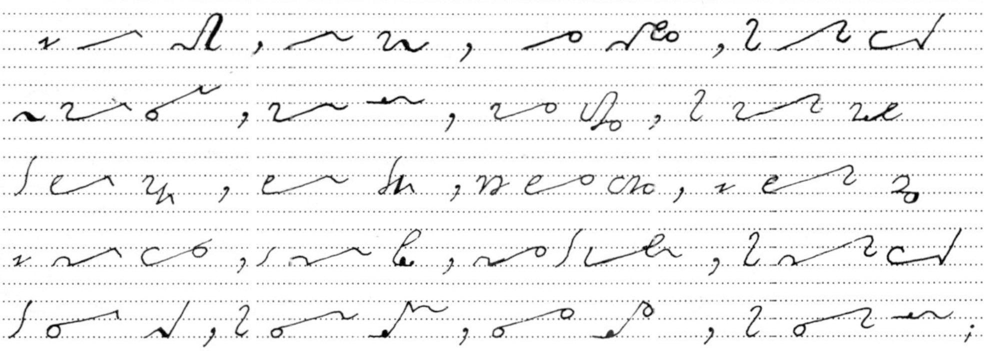

Übertragen Sie folgende Beispiele und Sätze:

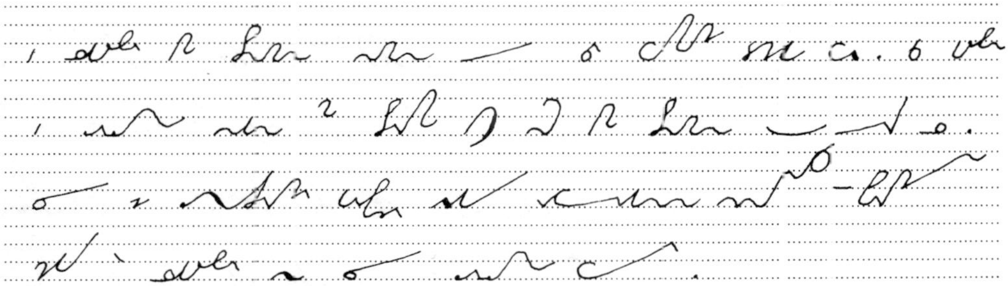

Langschriftliche Übertragung Seite 124.

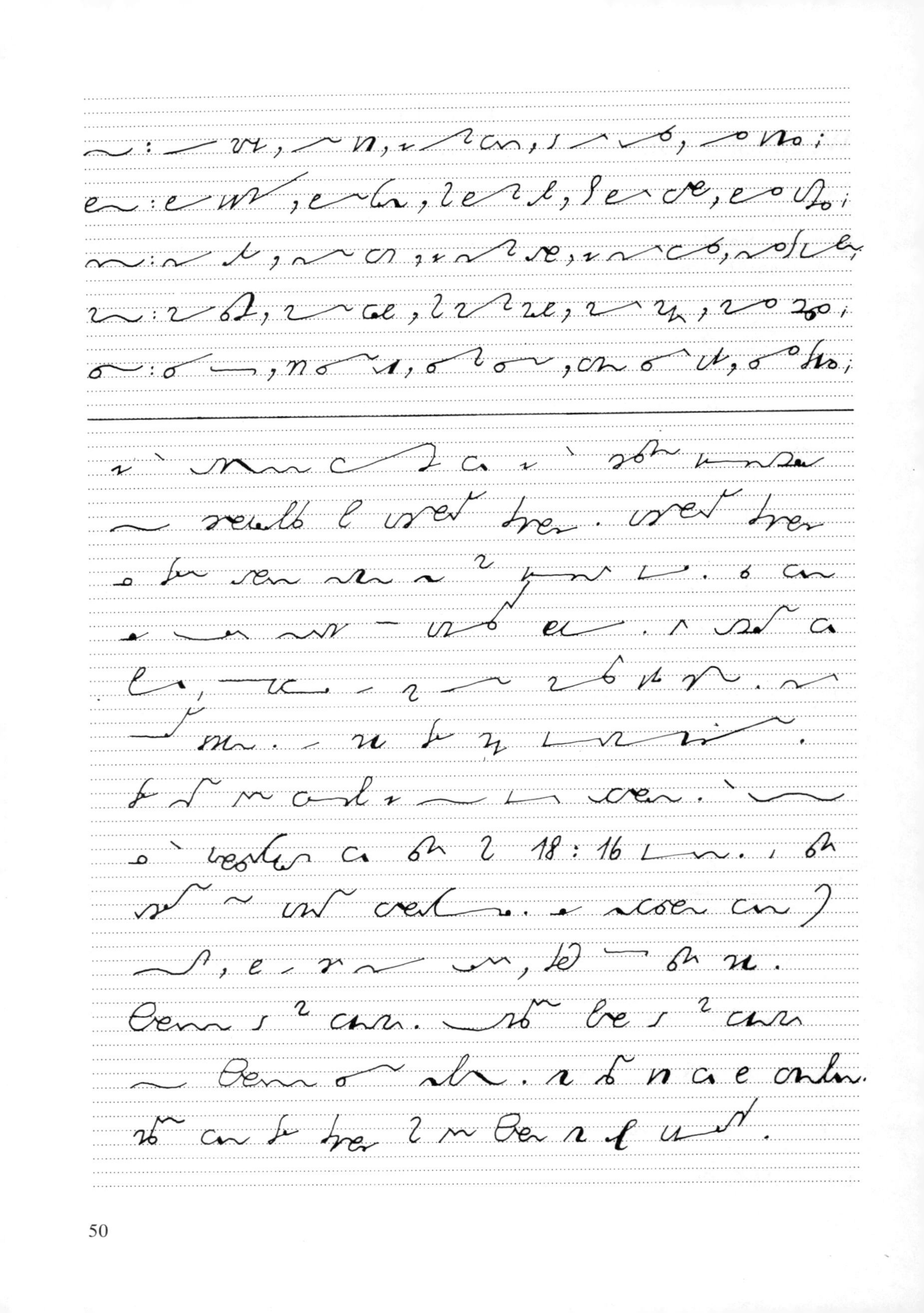

18:16

Lektion 12: Unterlängen, Fußschleifenzeichen

In dieser Lektion werden Sie erkennen, daß die Unterlängen das gesamte Schriftbild stark verändern.

Das Kurzschrift-z (tz) ist ein 2stufiges Zeichen. Der gerade Abstrich beginnt an der Oberlinie. Die Fußschleife ist eine Stufe groß. Der normale Schnittpunkt zur Verbindung mit anderen Zeichen liegt an der Grundlinie. Es darf eine geringe Veränderung der Fußschleife vorgenommen werden, um den Schreibfluß nicht zu stören.

Üben Sie das Zeichen *z* eine Zeile, und schreiben Sie dann die folgenden Beispiele: *Zug, Ziege, zog, Herz, Hitze, heizen, Katze.*

Das Zeichen ch ist ebenfalls ein Fußschleifenzeichen. Der Kopfbogen – wie beim h – geht über in den leicht gebogenen Rücken. Die Fußschleife ist ebenfalls eine Stufe groß. Auch hier liegt der Schnittpunkt zur Verbindung mit anderen Zeichen an der Grundlinie. Wenn Sie dieses Zeichen exakt geschrieben haben und jetzt Ihr Heft umdrehen, erkennen Sie, daß sch das Gegenstück zum Zeichen f ist.

Üben Sie das Zeichen eine Zeile, und übertragen Sie dann folgende Beispiele: *Scherz, scharf, Schiff, schuften, Schere, bescheren, wischen; er wusch sich.*

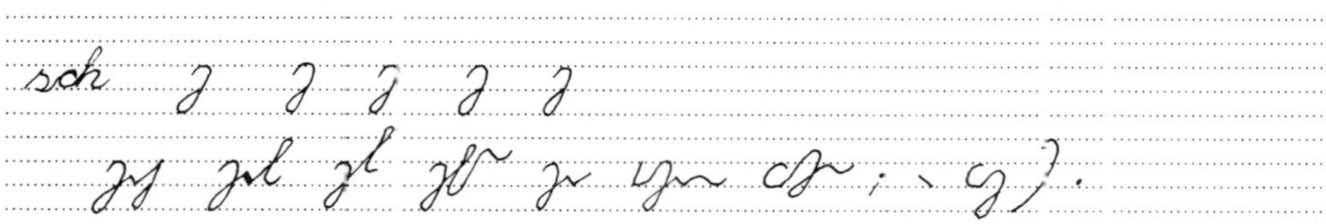

Kurzschrift-st darf in deutschen Wörtern nur als Stammanlaut verwendet werden, deshalb die Bezeichnung Anlaut-st.

An der Oberlinie beginnt eine 2stufige Flammenlinie (wie v), die dann in eine einstufige Fußschleife übergeht.

Nachdem Sie das Zeichen eine Zeile geübt haben, übertragen Sie bitte: *Stern, Stiege, steigen, Sturz, Stufe.*

Das Zeichen sp wird wie Anlaut-st geschrieben, es hat jedoch eine halbstufige Kopfschleife. Üben Sie das Zeichen eine Zeile, und übertragen Sie dann bitte: *sparen, Speer, Sporen, Spitze, bespannen.*

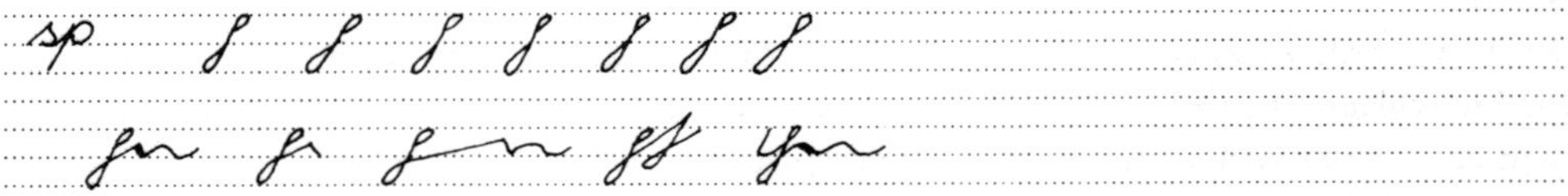

Das Mitlautfolgezeichen zw ist wie z, jedoch mit einer vergrößerten, einstufigen Fußschleife. zw muß deutlich von z zu unterscheiden sein, da sonst Verwechslungsgefahr besteht.
Üben Sie eine Zeile das neue Zeichen, und übertragen Sie dann die folgenden Beispiele: *Zwerg, Zwang, zwingen, Zweige, zwicken.*

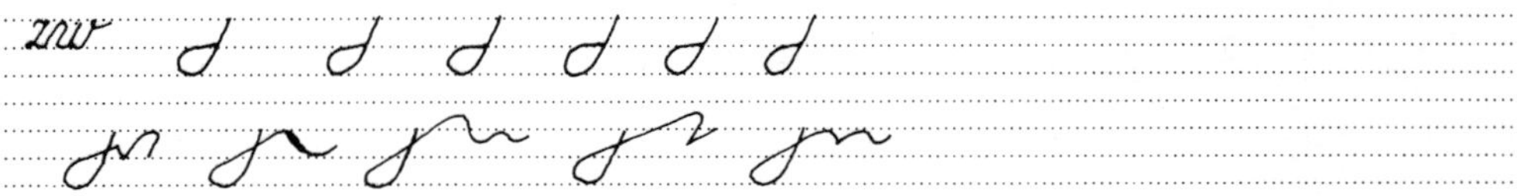

Das Mitlautfolgezeichen schw entstand aus Kurzschrift-sch. Es hat jedoch einen größeren Kopfbogen und eine stark gewölbte Fußschleife. schw ist das Gegenstück zu pf. Bitte schreiben Sie danz deutlich, um auch hier einer Verwechslungsgefahr vorzubeugen.
Üben Sie eine Zeile *schw,* und übertragen Sie dann bitte folgende Beispiele: *Schere : Schwere, schwingen, Schwung, beschwingt.*

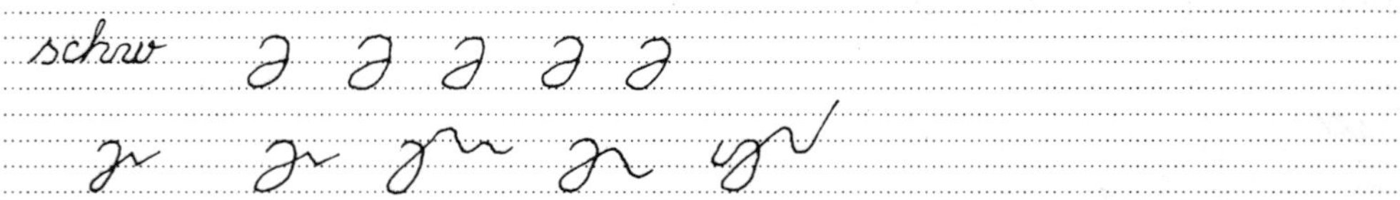

Kürzel

»zwischen« ist Kurzschrift-zw.
Schreiben Sie bitte: *Zwischen zwei Zweigen zwitschern zwei Zeisige.*

»schon« ist Kurzschrift-sch und steht nicht für »sich schonen«.
Schreiben Sie: *Sie haben bisher schon einige Kapitel bearbeitet.*

»deutsch«. Kurzschrift-sch steht auf der Grundlinie.

Schreiben Sie bitte: *In deutschen Schulen ist der Deutschunterricht Pflicht.*

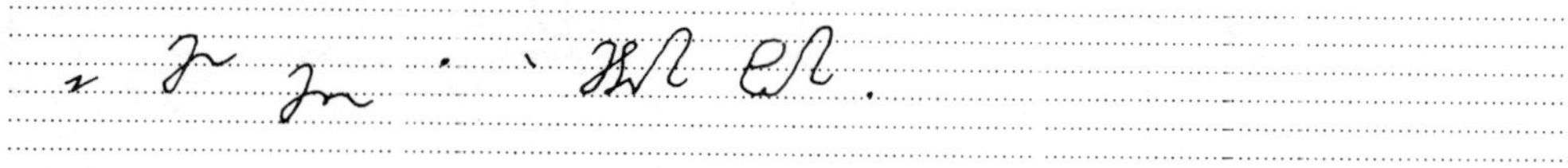

»zum« ist Kurzschrift-z.

Bitte schreiben Sie: *Ich fordere ihn zum letzten Mal auf.*

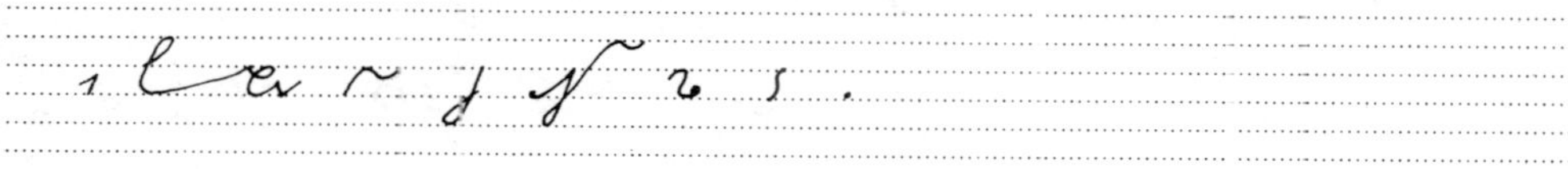

»z. B.« ist Kurzschrift-z und -b.

Schreiben Sie bitte: *Ich kann Ihnen z. B. auch ganz moderne Rechenmaschinen liefern.*

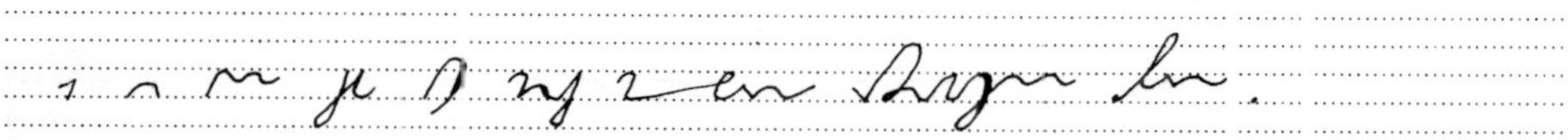

z (tz)
sch
st
sp
zw
schw

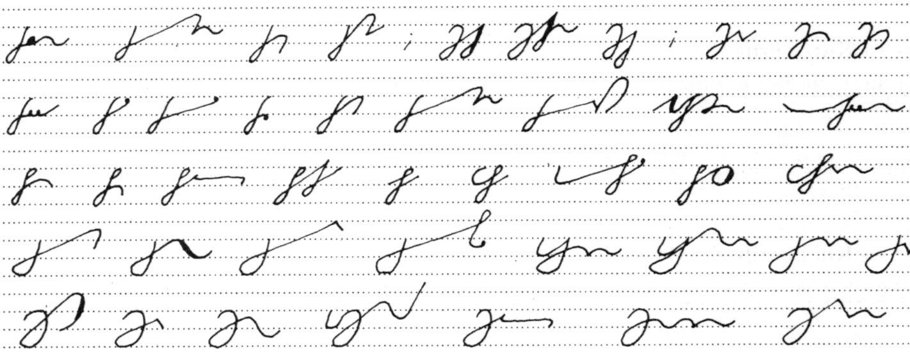

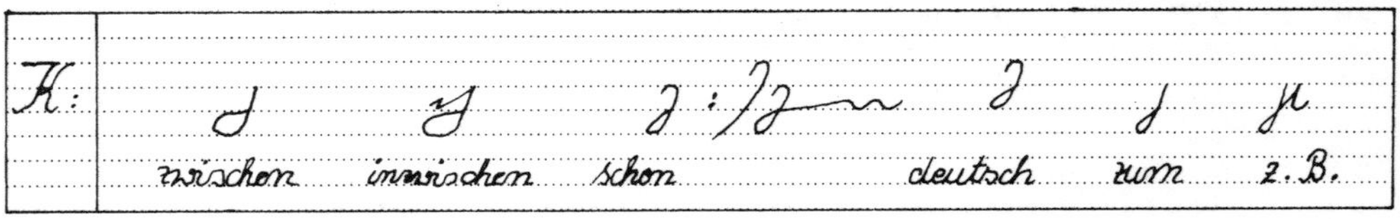
K:
zwischen
inzwischen
schon
deutsch
zum
z. B.

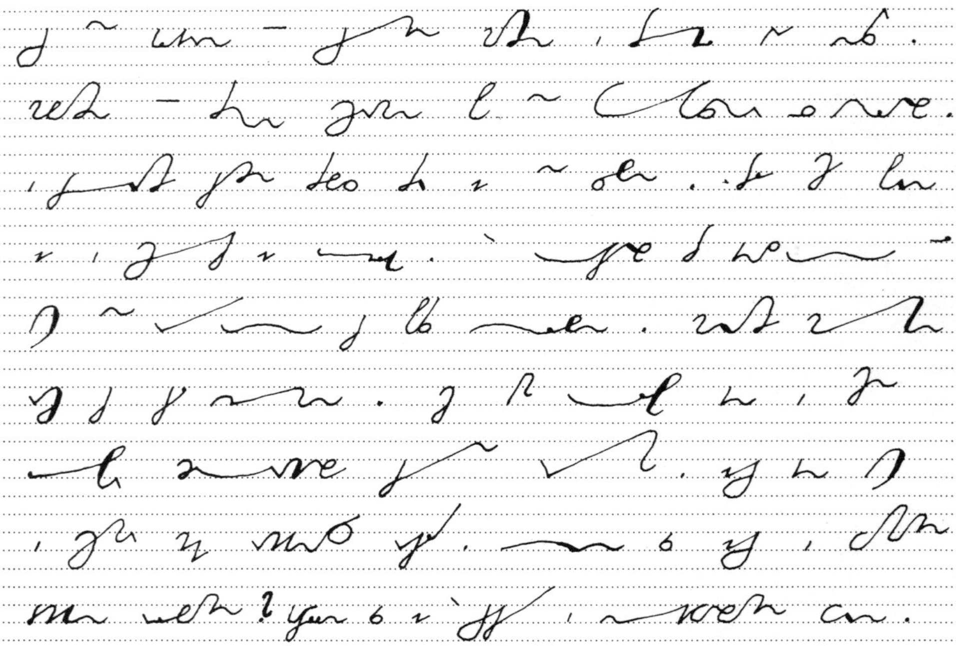

Lektion 13: Vorsilben ge-, un- und zu; schn, schm

Für »zu« als Kürzel steht Kurzschrift-z 2stufig ohne Fußschleife. »Zu« kann alleinstehend als Auf- oder Abstrich geschrieben werden.

Schreiben Sie bitte: *Er behauptet das zu Recht. Ich bitte Sie, die Arbeiten pünktlich zu erledigen.*

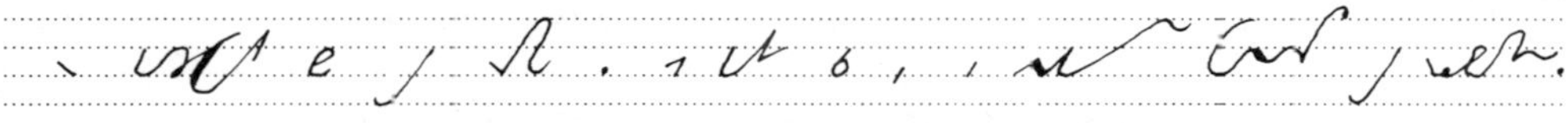

Am Wortanfang wird zu- ohne Fußschleife aufwärts geschrieben. Zu- kann bis zum Beginn des nachfolgenden Zeichens verkürzt und verlängert werden.

Schreiben Sie bitte: *Für seine planmäßige Arbeit erhielt er eine Zulage.*

-zu- im Wortinneren ist z mit Fußschleife.

Bitte schreiben Sie: *Der Dieb war nicht bereit, sein Vergehen zuzugeben.*

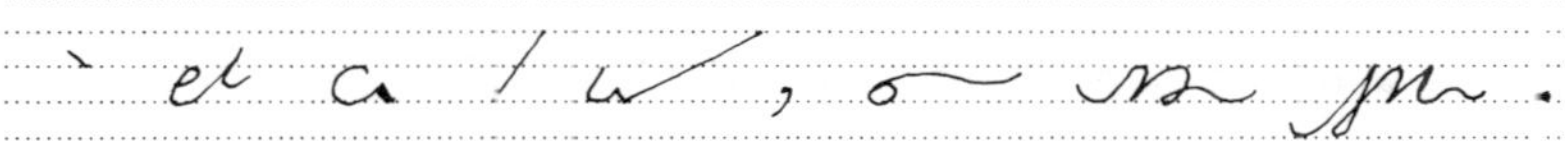

-zu am Wortende ist z ohne Fußschleife und wird abwärts geschrieben.

Bitte schreiben Sie folgende Beispiele: *Nahezu alle Schüler nahmen an dem Schülerwettbewerb teil.*

ge- am Wortanfang wird von der Untergrenze an aufwärts geschrieben. Der Aufstrich reicht bis zum Beginn des nächsten Zeichens.

Schreiben Sie bitte: *Der Lehrer hatte den Schülern keine leichte Aufgabe gestellt.*

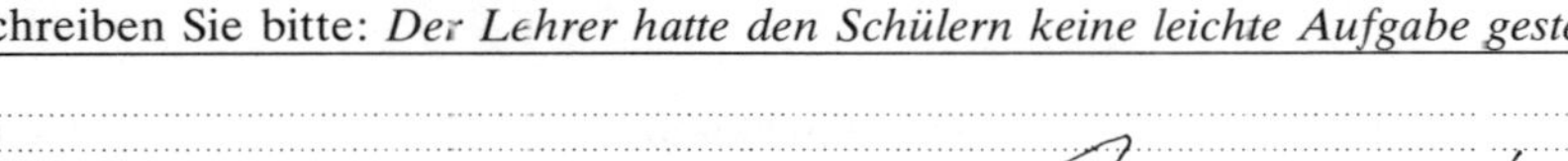

-ge- im Wortinneren wird höchstens 2stufig bis zur Untergrenze abwärts geschrieben und vom Stamm getrennt.

Schreiben Sie bitte: *Das Bier kann nur in Flaschen abgefüllt werden.*

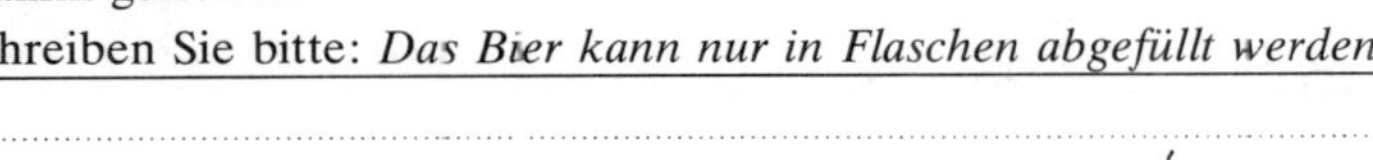

un- am Wortanfang wird ebenfalls von unten nach oben geschrieben. Der Aufstrich bis zum Beginn des nachfolgenden Zeichens kann verkürzt oder verlängert werden.
Bitte schreiben Sie folgende Beispiele: *Es war sehr unangenehm, die Vorwürfe hören zu müssen.*

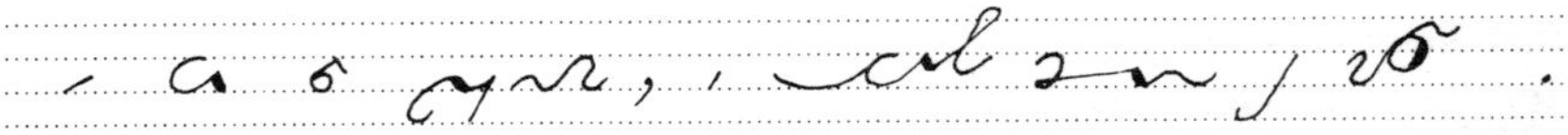

Im Wortinneren wird -un- wie -ge- höchstens 2stufig abwärts geschrieben und vom Stamm getrennt.
Schreiben Sie folgende Beispiele: *Im Moment ist die Lage sehr beunruhigend.*

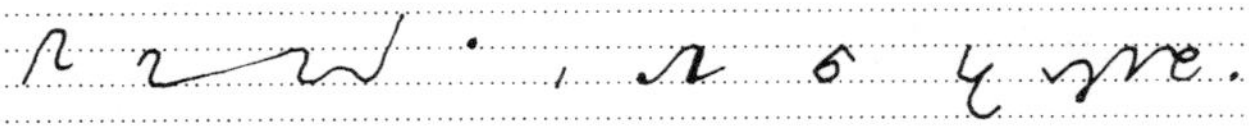

Bei zusammengesetzten Hauptwörtern bleiben die Vorsilben ge- und un- beim Grundwort (a). Beim Grundwort bleibt die Vorsilbe ge- immer, wenn das Vor- oder Bestimmungswort an der Obergrenze endet (b).
Schreiben Sie bitte die nachfolgenden Beispiele: (a) *Ruhrgebiet, Wahlgesetz, Siebengebirge, Taktgefühl;* (b) *Hauptgericht, selbstgerecht, festgestellt.*

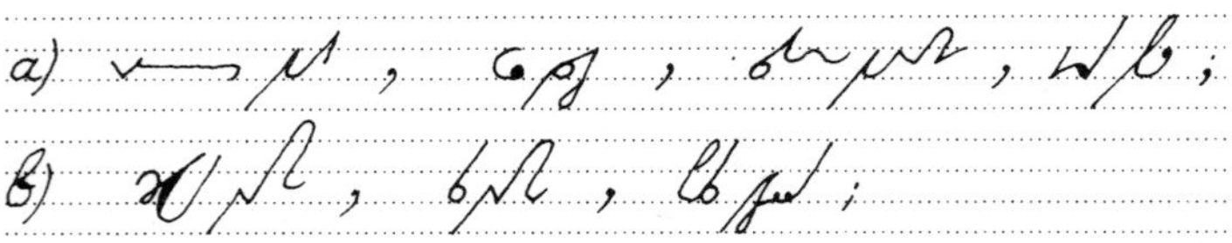

Das Schräglegen von ge-, un- und zu- ist notwendig, um weite Selbstlautanstriche zu ermöglichen, denn nach deutschen Vorsilben und Vorwörtern wird kein Häkchen geschrieben.
Schreiben Sie folgende Beispiele: *geölt, geeignet, geeitert, zueignen, uneigennützig.*

Mitlautfolgezeichen schn ist Kurzschrift-sch mit n durchkreuzt. Der Abstrich kreuzt die kleine Welle des n.
Üben Sie eine Zeile das neue Zeichen und schreiben Sie folgende Beispiele: *Schenke : Schnecke, Schnee, Schnittwunde, schneiden, Schnur.*

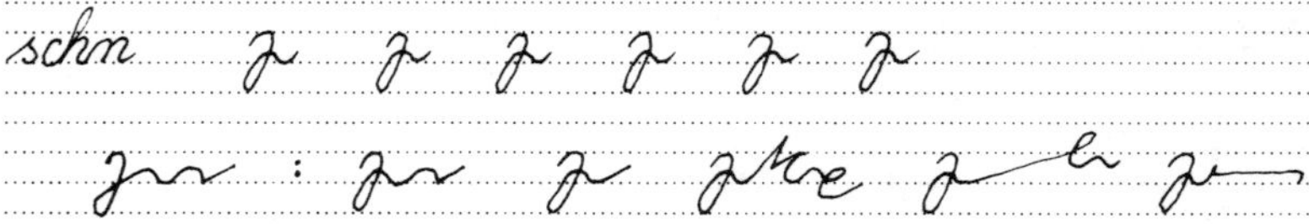

Mitlautfolgezeichen schm ist Kurzschrift sch mit eingebuchtetem Rücken. Bitte knicken Sie das Zeichen nicht ab.
Üben Sie schm eine Zeile und übertragen Sie folgende Beispiele: *Schmerz, schmal, schmücken, Schmuck, geschmeckt, verschmieren.*

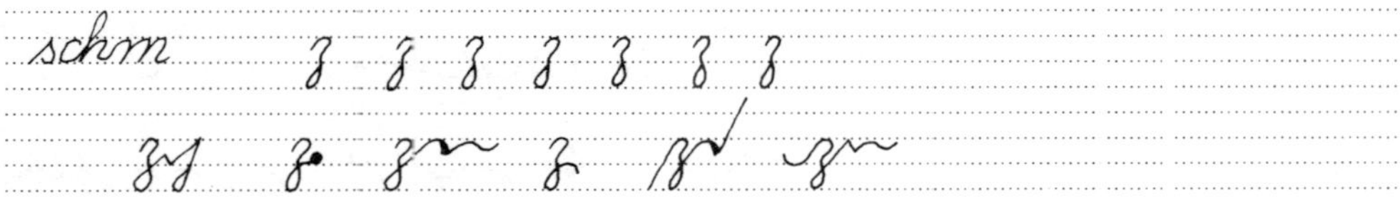

Kürzel

Das Kürzel »rück-« wird aus einem Kurzschrift-r und einem Aufstrich, der an der Grundlinie beginnt, gebildet.
An diesen Aufstrich werden die folgenden Zeichen angeschlossen. Nach rück- ist l ein wenig über die Grundlinie zu heben. Schreiben Sie erst das Kurzschrift-r, und durchkreuzen Sie dann mit dem Aufstrich.
Üben Sie folgende Beispiele: *Rückgang, Rücksicht, Rückfahrt, Rücklage, Rücknahme.*

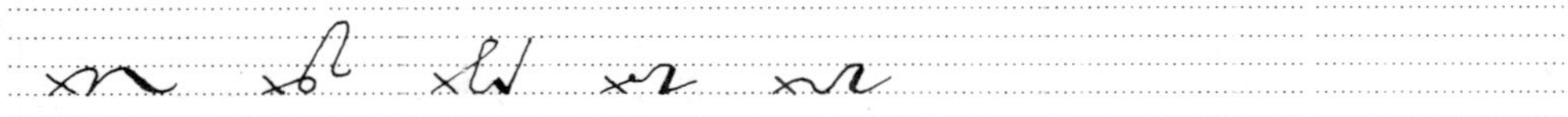

Das Kürzel »zurück« setzt sich aus Kurzschrift-z und Kürzel rück- zusammen.
Üben Sie die nachfolgenden Beispiele: *zurücknehmen, zurückfahren, zurücksetzen, zurückgeben, zurücklaufen.*

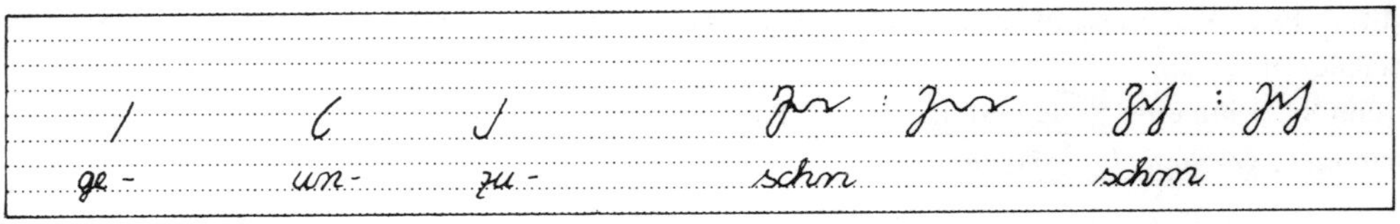
ge-
un-
zu-
schn
schn

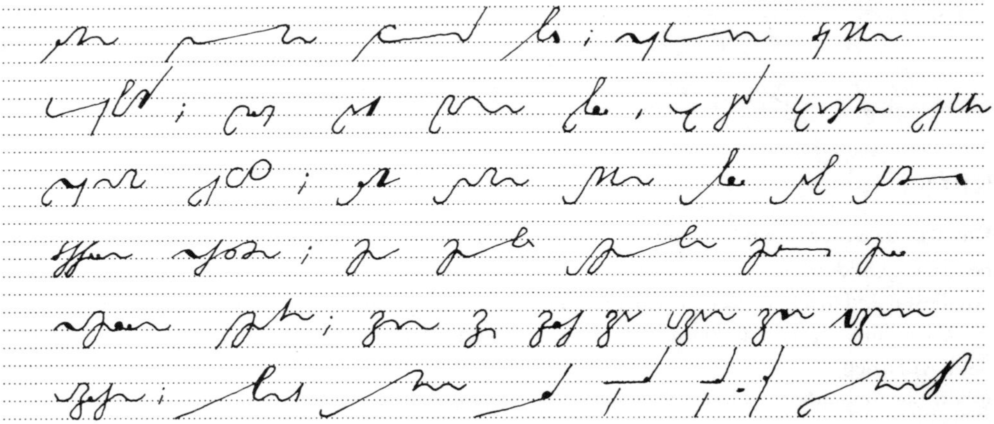

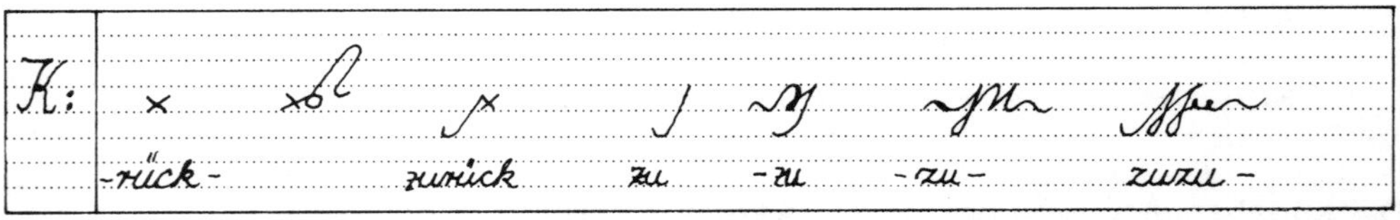
K:
-rück-
zurück
zu
-zu
-zu-
zuzu-

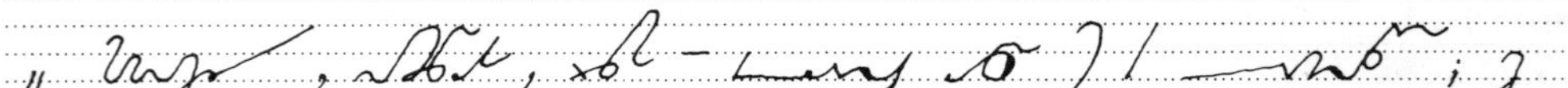
16.12.1976
1949
518
4

Lektion 14: Nachsilbenkürzel -haft, -heit, -schaft und -ung

Die Nachsilbe -haft wird durch verstärktes h dargestellt.
Üben Sie die folgenden Beispiele: *lebhaft, wahrhaft, fehlerhaft, meisterhaft, fabelhaft.*

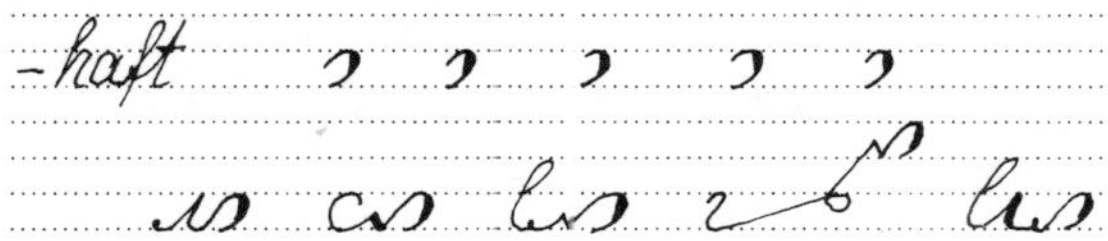

Die Nachsilbe -heit ist 2stufiges h. Sie reicht von der Oberlinie bis zur Untergrenze und zählt zu den linksauslaufenden Zeichen, die in der Verbindung eine kleine Schleife erhalten.
Übertragen Sie nachfolgende Beispiele: *Reinheit, Gemeinheit, Wahrheit, Einzelheit, Sicherheit.*

Die Nachsilbe -schaft ist ein 3stufiges Zeichen, also eine Ganzlänge. Sie besteht aus einer ganzstufigen Kopfschleife und einem geraden Abstrich bis zur Untergrenze. Das Zeichen kann verlängert und die Schleife verändert werden. Es endet immer an der Untergrenze.
Üben Sie eine Zeile das neue Zeichen, und übertragen Sie die nachfolgenden Beispiele: *Arbeiterschaft, Feindschaft, Mutterschaft, Meisterschaft.*

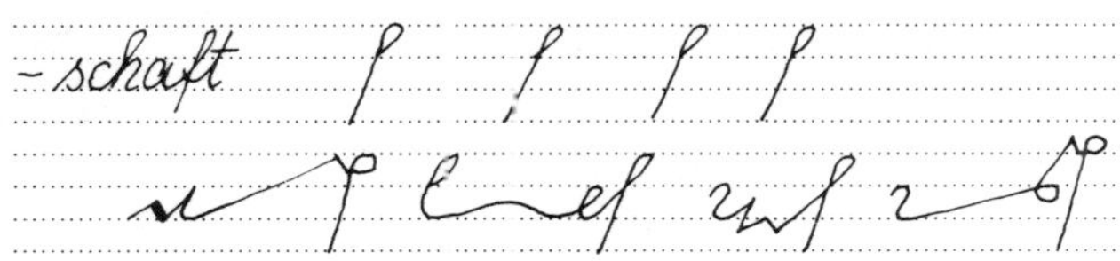

Die Nachsilbe -ung ist ein $1^1/_2$stufiges Zeichen. Der halbstufige gerade Abstrich endet kurz über der Grundlinie und biegt nach rechts ab. Der rechtsschräge Mittelteil geht in den halbstufigen Linksauslauf über.
Die Nachsilbe -ung darf in der Verbindung eine kleine Schleife erhalten.
Üben Sie das neue Zeichen eine Zeile, und übertragen Sie dann die folgenden Beispiele: *Vergebung, Reifung, Kündigung, Bändigung, Rechnung, Zeitung, Haltung.*

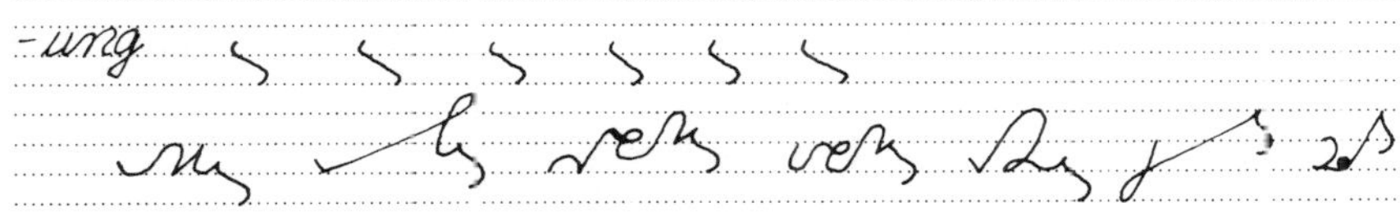

Mehrzahlendungen bei -haft, -heit und -ung werden unten angefügt. Es handelt sich um linksauslaufende Zeichen, die in der Verbindung eine Schleife erhalten.

Schreiben Sie folgende Beispiele: *ein lebhafter Junge, das sind Deine Angelegenheiten, die Einzelheiten sind bekannt, die Deutschen Meisterschaften, die unbezahlten Rechnungen ziehen Mahnungen nach sich.*

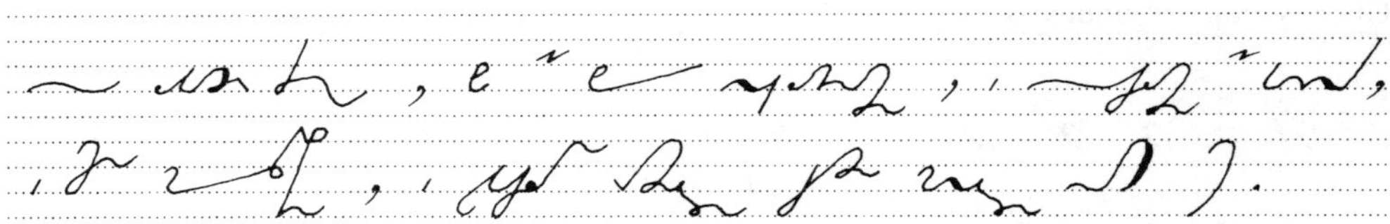

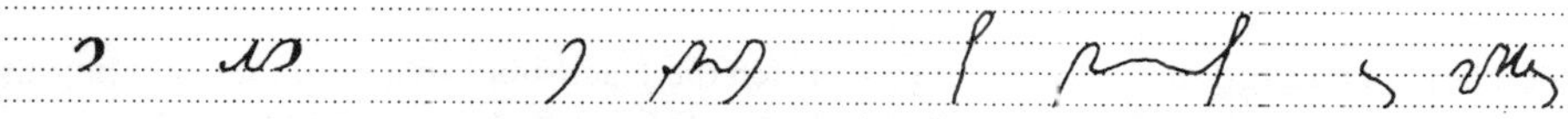

-haft lebhaft -heit Gelegenheit -schaft Gemeinschaft -ung

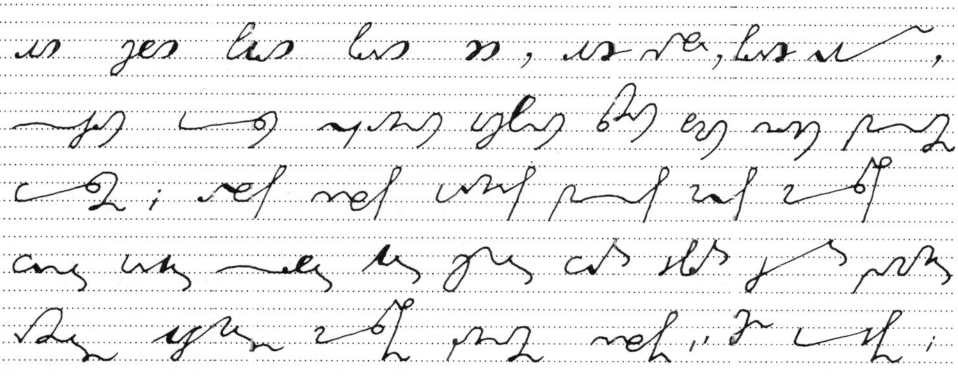

Übungssätze

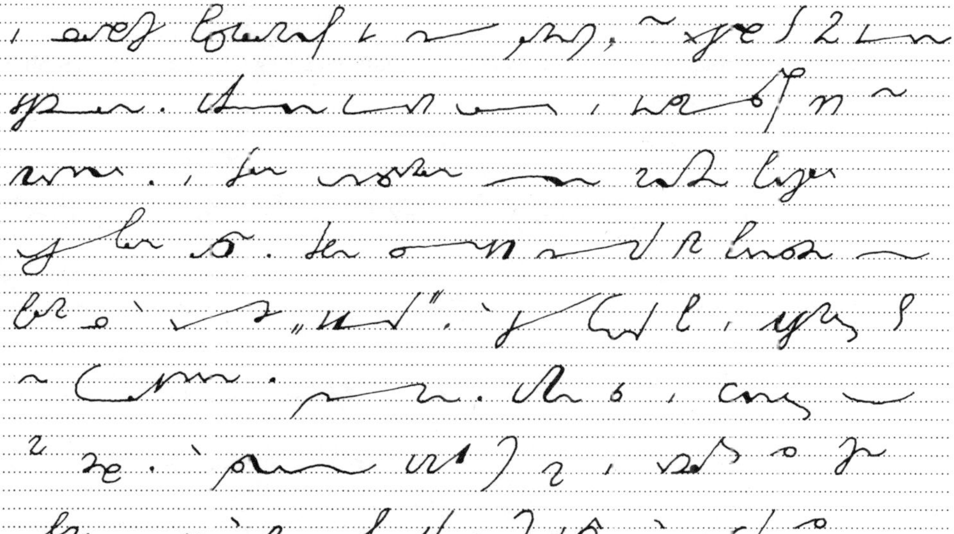

Lektion 15: Verschmelzung mit der Nachsilbe -ung

Aus den beiden häufigsten Zeichen l und r läßt sich die Nachsilbe -ung besonders gut herausziehen. Beachten Sie bitte, daß -ung nur mit linkswendigem l und nach r verschmolzen wird.

Schreiben Sie bitte:

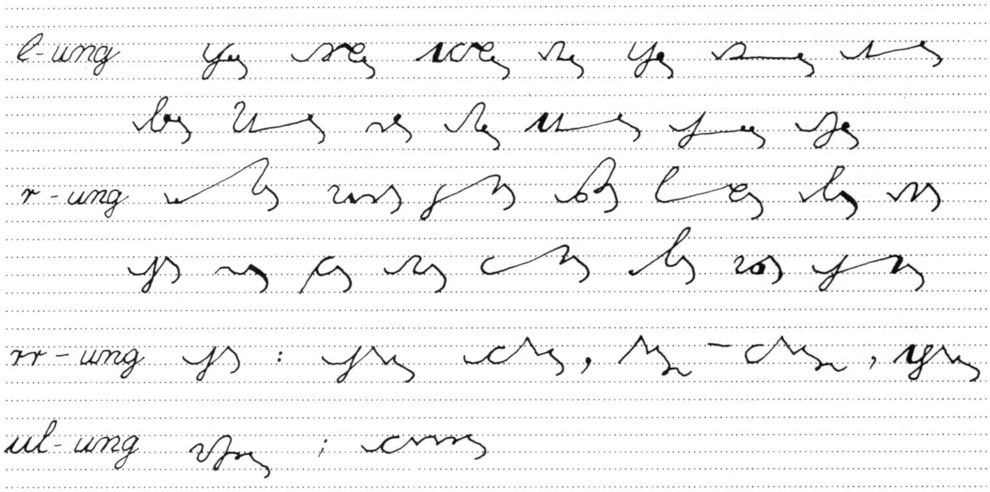

Aufstrich-t vor den Nachsilbenkürzeln -heit und -schaft wird weggelassen. Der Anschluß von -heit an Aufstrich-t wäre undeutlich.

Schreiben Sie bitte die folgenden Beispiele:

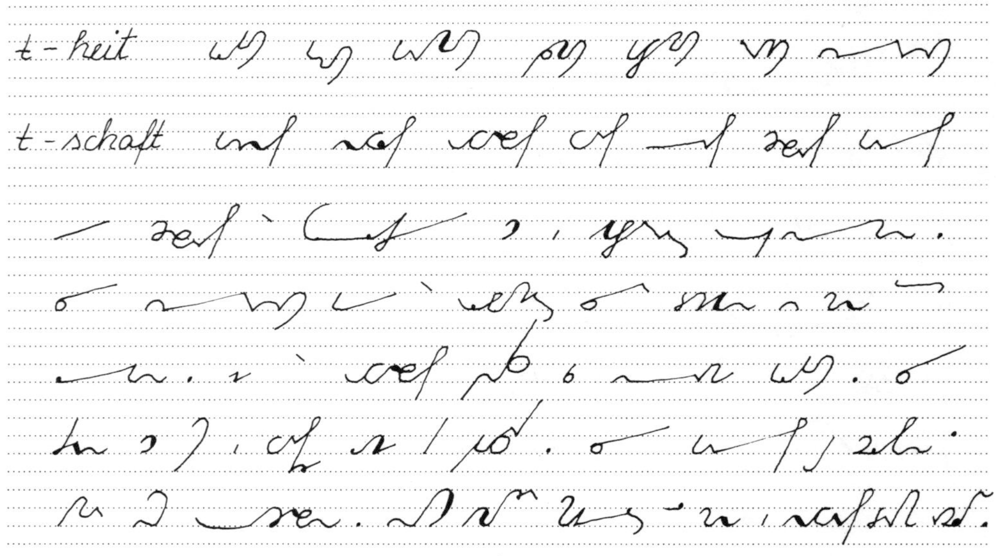

Langschriftliche Übertragung Seite 126.

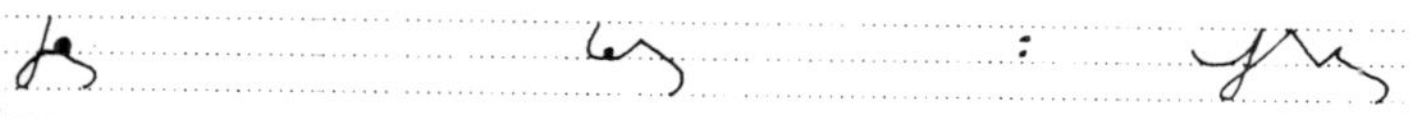

l-ung r-ung rr-ung

t-heit t-schaft

Mahnschreiben

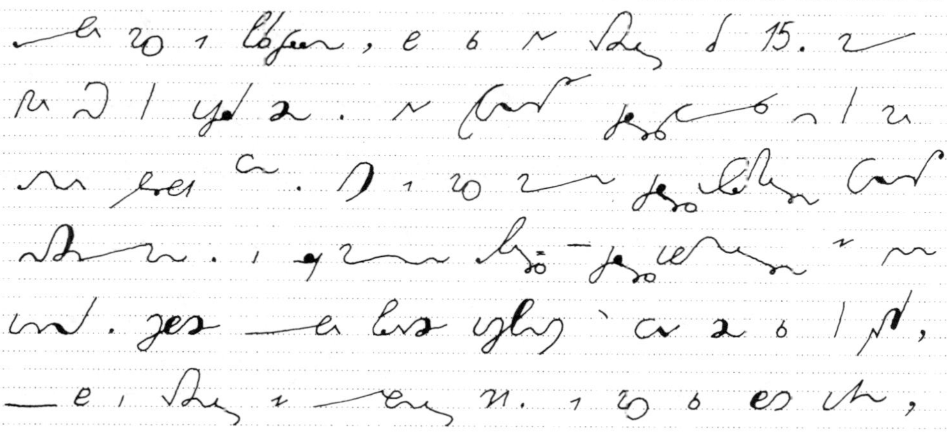

Übungstext

Lektion 16: Zweizügige Zeichen (I)

Die 2- oder mehrzügigen Zeichen sind scheinbar schwierig. Beachtet man aber ihren Aufbau, sind sie doch sehr einfach.
Das Mitlautfolgezeichen mp setzt sich aus dem Kurzschrift-m und der Unterscheidungsschleife zusammen.
Üben Sie das neue Zeichen eine Zeile, und üben Sie die Beispiele: *empor, Kompaß, Import, Wimper.*

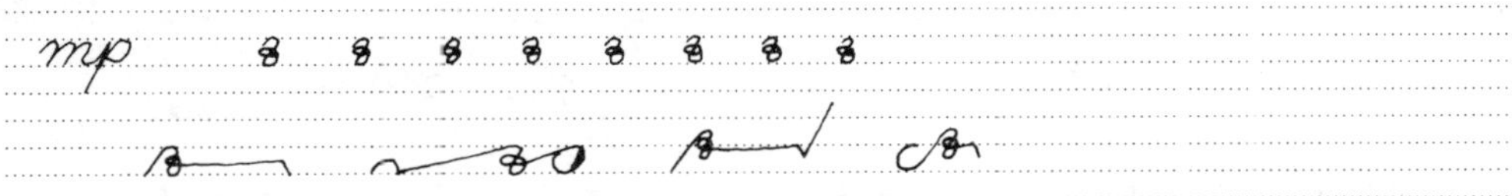

Eine besondere Verbindung ergibt sich mit l nach mp. l wird am Fußpunkt der Unterscheidungsschleife angeschlossen. Der Abstrich des Zeichens wird verstärkt.
Schreiben Sie bitte bis zur Geläufigkeit folgende Beispiele: *Ampel, Stempel, Wimpel, Tempel, Kompliment, Kumpel, imponierend, Empörung, Temperatur, Tempo, Klempner, Campingstuhl.*

Die Mitlautfolge mpf wird aus einem zweistufigen m mit Fußschleife und einer viertelstufigen Unterscheidungsschleife gebildet. Die Schleife liegt auf der Grundlinie.
Üben Sie dieses Zeichen eine Zeile, und übertragen Sie die nachfolgenden Beispiele. Schreiben Sie diese bis zur Geläufigkeit: *Dampf, Empfehlung, impfen, Empfang, Dämpfer, rümpfen, Sumpf, empfehlen, stampfen, stumpf, sumpfig, Kampf, gekämpft, dumpf, Rumpf, Impfstoff, geimpft, Dampfmaschine.*

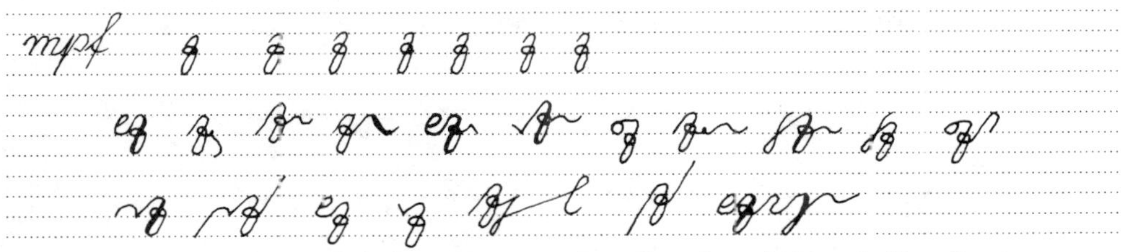

Kurzschrift c ist zusammengesetzt aus einem halbstufigen h und einem halbstufigen g.
Üben Sie das neue Zeichen eine Zeile, und schreiben Sie die nachfolgenden Beispiele bis zur Geläufigkeit: *Cäsar, Carmen, Campingplatz, Celle.*

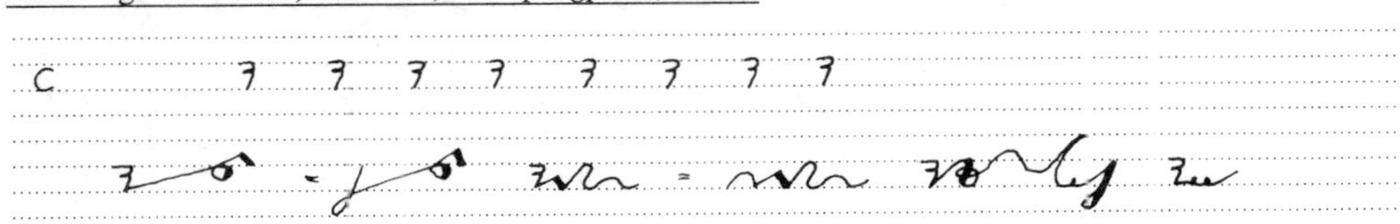

mp mpf c

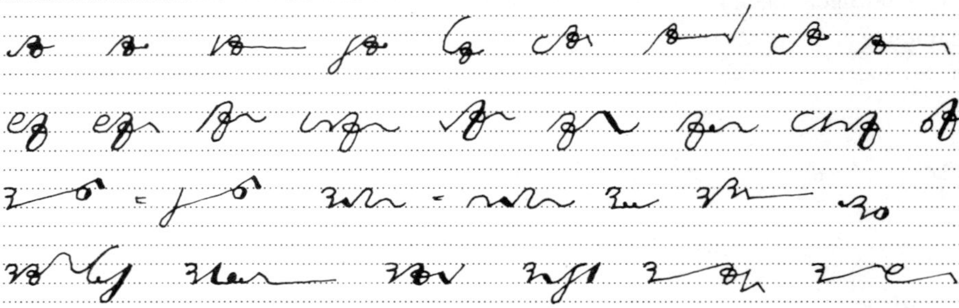

Übungen

Lektion 16: Zweizügige Zeichen (II)

Kurzschrift-x ist wie schm. Es steht jedoch auf der Grundlinie, ist also eine Oberlänge und hat einen Linksauslauf. Der Rücken ist eingebuchtet, aber nicht geknickt. Verstärkt wird nur der untere, größere Teil des Zeichens.

Üben Sie das Zeichen x eine Zeile bis zur Geläufigkeit. Übertragen Sie die nachstehenden Beispiele; und üben Sie diese ganz besonders: *Xaver, Max, Taxi, Axt, Xanten, exakt, Mixer, Mexiko, Lexikon.*

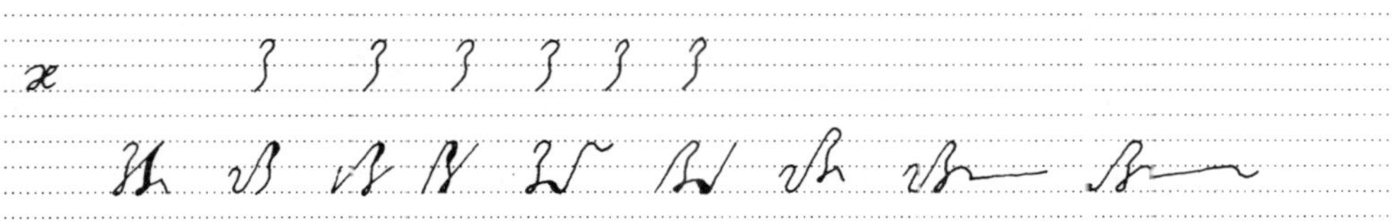

Das Kurzschrift-qu hat einen Kopf wie d – also halbstufig –, eine Einbuchtung im oberen Teil des Zeichens und einen Fuß wie w.
Auch hier liegt die Verstärkung im unteren größeren Teil des Zeichens.
Üben Sie das neue Zeichen bis zur völligen Geläufigkeit, und schreiben Sie die nachfolgenden Beispiele: *Quittung, quittieren, Quote, Aquarell, Quelle, bequem.*

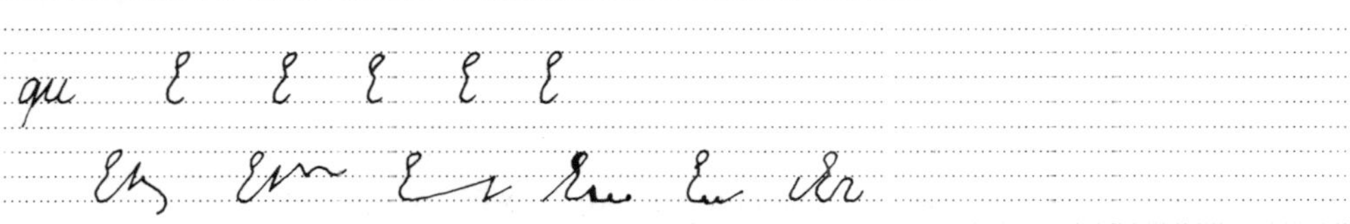

Das Zeichen y setzt sich aus einer halbstufigen Kopfschleife, im mittleren Teil aus einem Querstrich – wie r – und aus einem gebogenen Linksauslauf zusammen.
Als linksauslaufendes Zeichen erhält es in der Verbindung eine kleine Schleife. Die Verstärkung erfolgt im Querstrich.
Üben Sie dieses Zeichen eine Zeile, und übertragen Sie anschließend folgende Beispiele: *Zypern, Lyrik, Whisky, Tyrann, Sydney, Synagoge, System.*

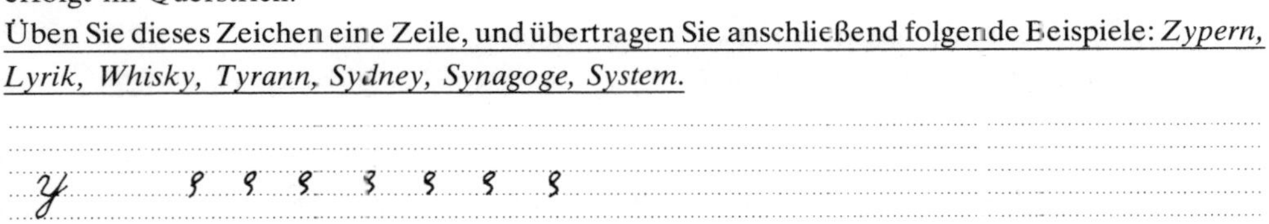

Das Silbenzeichen -ey ist notwendig, um Wörter wie Myer : Meyer, Fry : Frey zu unterscheiden.
Beim Silbenzeichen -ey wird das y in einer weiten Verbindung hochgestellt.
Üben Sie das Silbenzeichen -ey eine Zeile. Schreiben Sie folgendes Beispiel: *Speyer und Alzey liegen in der Pfalz, Myer : Meyer.*

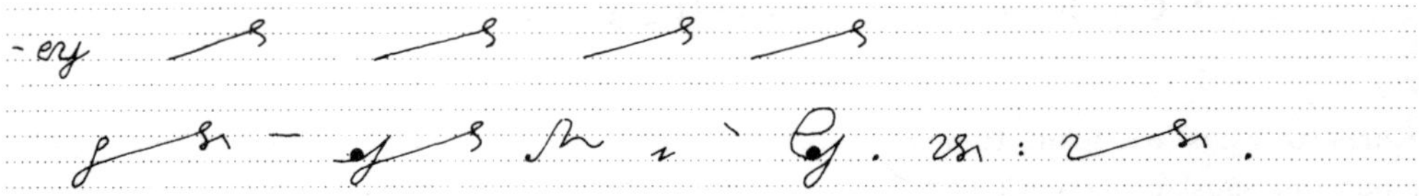

Die Kurzschrift sieht vor, daß Fremdwörter und Eigennamen nach der Rechtschreibung oder nach der Aussprache geschrieben werden: y darf man also je nach Aussprache durch ü, i oder j ersetzen.

Schreiben Sie bitte: *Zypern, Whisky, System, York, Lyrik, Tyrann.*

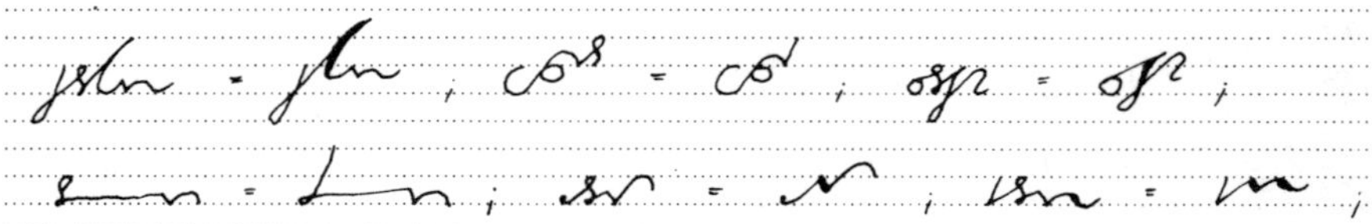

c darf durch k oder z ersetzt werden.

Üben Sie bitte: *Carmen, Cäsar.*

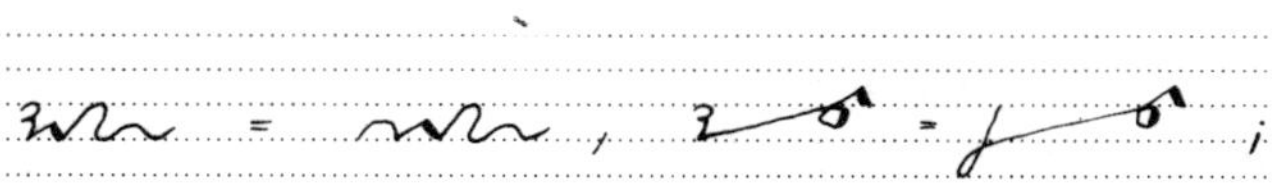

Kürzel

Kürzel »hin« wird durch h, das von einem n durchkreuzt wird, dargestellt.

Bitte schreiben Sie: *Es ist ein ewiges hin und her.*

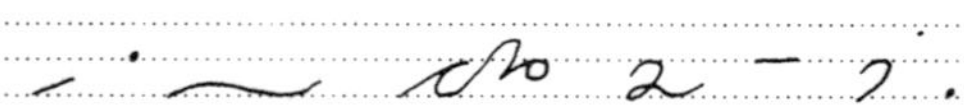

Kürzel »hin« wird durch Aufstrich-t erweitert auf »hint-«.

Schreiben Sie bitte: *Der hintere Waggon ist der Speisewagen. Laufe ihr schnell hinterher.*

Für die Abkürzung »d. h.« (das heißt) steht d und h mit einer kleinen Schleife.

Schreiben Sie bitte: *Die Zeit zwischen Ankunft und Abflug ist sehr knapp, d. h. er ist in Eile.*

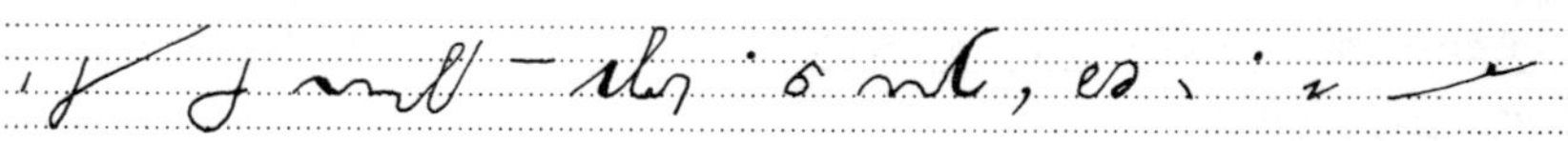

Wortkürzel dürfen zur Verbindung mit anderen Kürzeln oder Zeichen ihren Platz verlassen. »so« rückt in die Höhe des nachfolgenden Zeichens.

Bitte schreiben Sie folgende Beispiele: *soeben, sogar, somit, sobald, sog.*

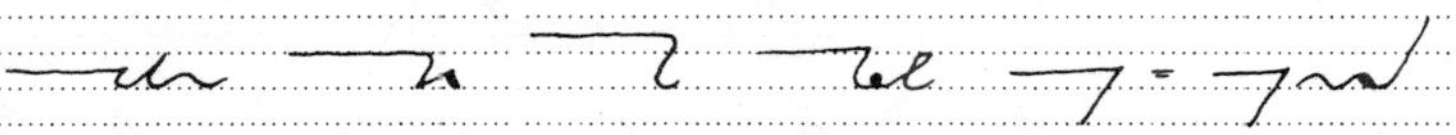

Das Kürzel »usw.« besteht aus dem »und« auf der Oberlinie und einem Häkchen mit o-Ausstrich für »so«.

Bitte schreiben Sie: *Mein Unternehmen kann Ihnen Buchungsautomaten, Rechenmaschinen usw. liefern.*

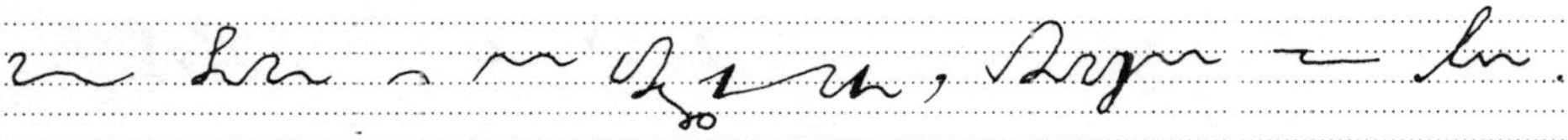

Schreiben Sie bitte: *Pferde waren vor einigen Jahrhunderten Symbole der Macht und Stärke.*

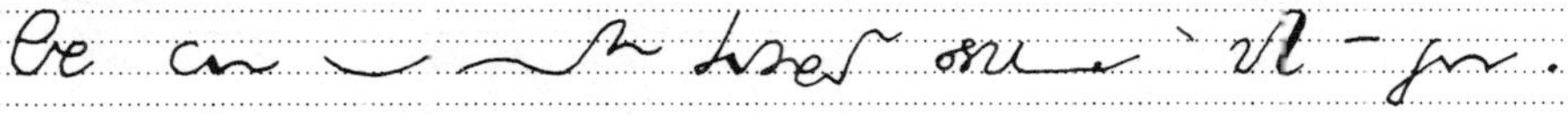

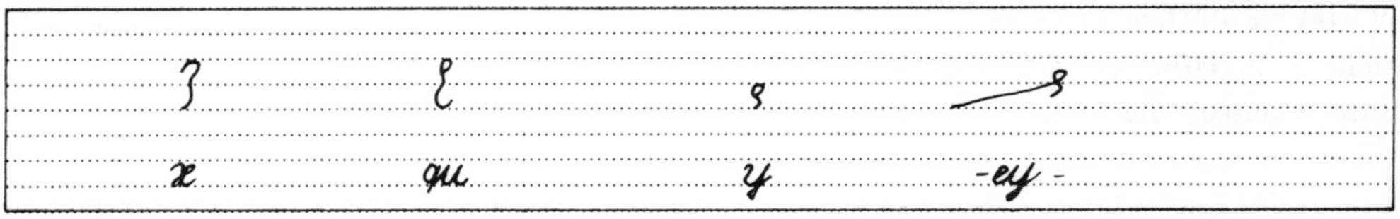
x
qu
y
-ey-

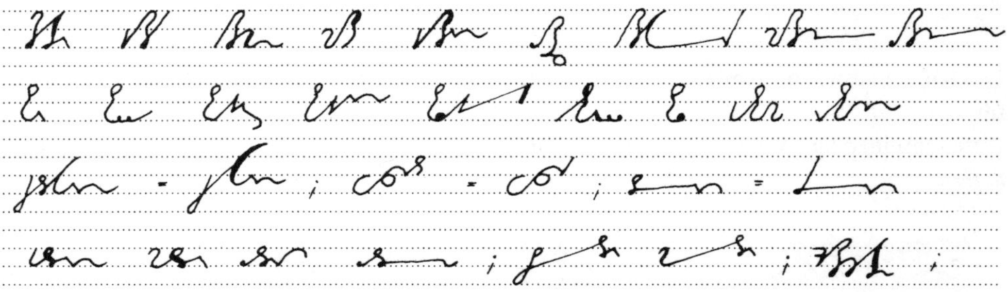

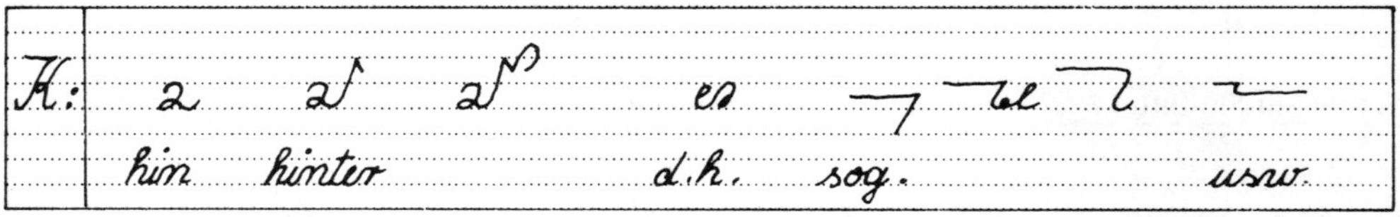
K:
hin
hinter
d.h.
sog.
usw.

Lektion 17: Selbstlautzeichen, Häkchenverbindung

Wenn auf einen Selbstlaut kein Mitlaut folgt, so muß der Selbstlaut buchstäblich geschrieben werden. Die buchstäbliche Selbstlautschreibung trifft zu:

a) wenn der Selbstlaut allein steht,

b) das Wort mit einem Selbstlaut endet und

c) wenn auf den Selbstlaut wieder ein Selbstlaut folgt.

Schreiben Sie bitte: *Komma, ja, Amerika, Palais, Menü, Revue; naiv, böig, Mosaik, Mona Lisa, Haiti.*

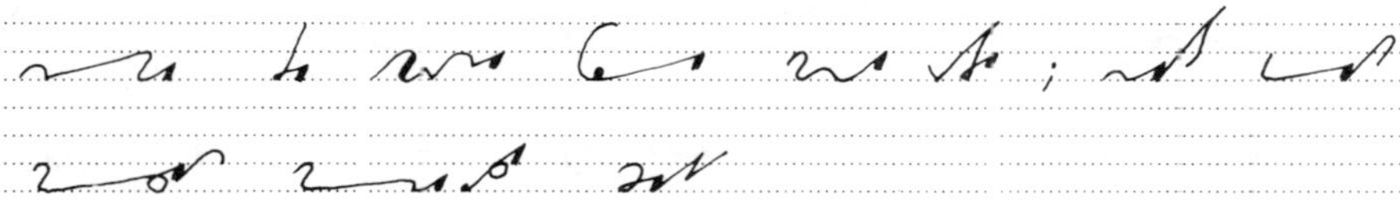

Folgt einem Haarstrich (Auf-, Schräg- oder Flachstrich) der Selbstlaut e, i, o oder ei, wird er durch Häkchen angefügt. Auch an Aufstrich-t folgende Selbstlaute und Haarstrichkürzel werden durch Häkchen angefügt (Lektion 9).

Nach deutschen Vorsilben und Vorwörtern wird kein Häkchen geschrieben.

Wortzusammensetzungen und Worterweiterungen werden getrennt geschrieben, wenn die Verbindung unhandlich, undeutlich oder zu wenig zeilenmäßig ist (Lektion 18).

Folgt auf die Selbstlaute e, o, i oder ei ein weiterer Selbstlaut, wird ein Häkchen eingefügt.

Schreiben Sie folgende Beispiele: *Stereo, Meteor, Theater, Neonfische, Vietnam, Beate, Feier.*

Ebenso werden Haarstrichkürzel an e, o, i oder ei mit Häkchen angeschlossen.

Schreiben Sie bitte: *soeben, wieso, desto.*

An Aufstrich-t werden die Selbstlaute und andere gerade Haarstriche mit Häkchen angeschlossen.

Schreiben Sie bitte: *Weltall, warte, desto.*

Kein Häkchen wird geschrieben nach deutschen Vorsilben und Vorwörtern.

Bitte schreiben Sie: *Beamter, verachten, beobachten, beeilen, beirrt, geirrt.*

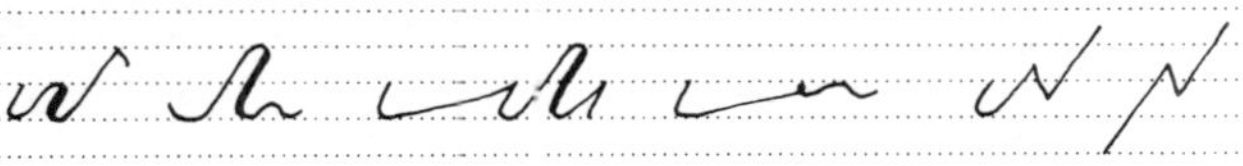

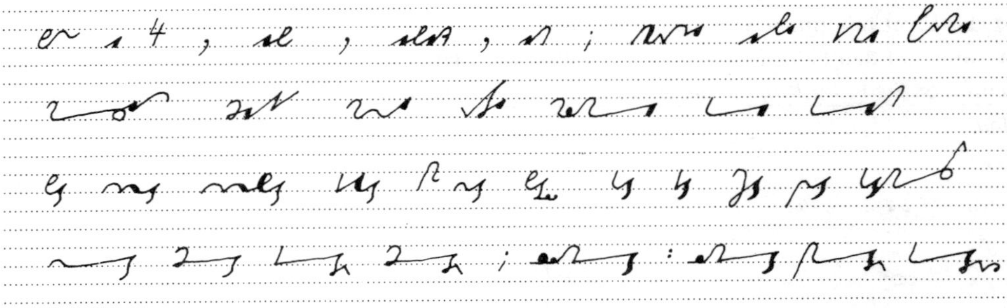

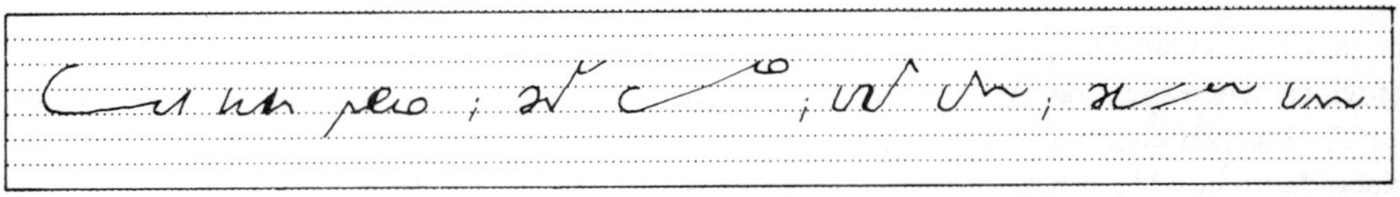

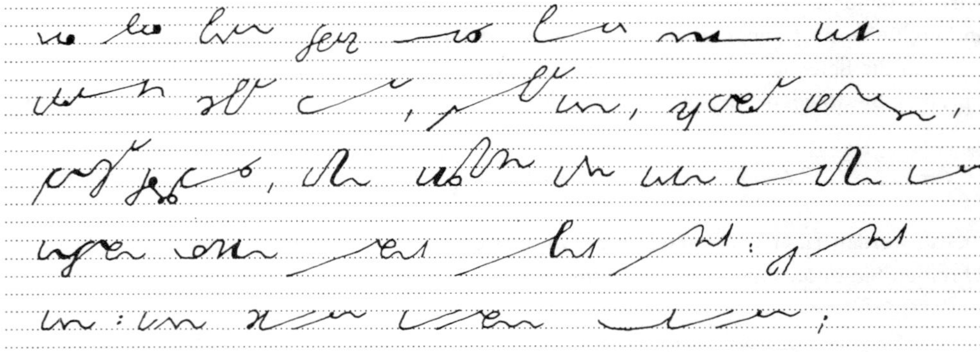

Übungen

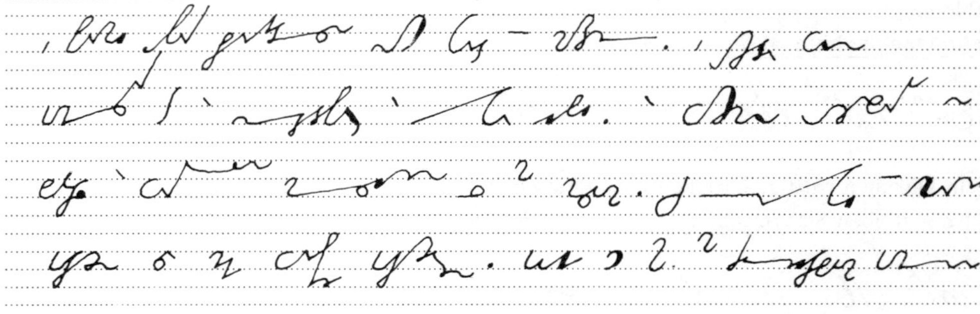

Lektion 18: Worttrennung

Zusammengesetzte oder erweiterte Wörter werden getrennt geschrieben, wenn die Verbindung unhandlich, undeutlich oder zu wenig zeilenmäßig ist. Die getrennten Wortteile sind eng aneinanderzustellen.
Eine Verbindung wird als unhandlich bezeichnet, wenn z. B. der erste Wortteil auf e, i, o oder ei endet und der zweite Wortteil mit einem Selbstlaut beginnt.
Schreiben Sie bitte: *Fotoecke, Totoannahme.*

Eine Verbindung ist undeutlich zu nennen, wenn auf die Vorsilbe be- oder ein Vorwort ein linksoffener Stamm folgt.
Schreiben Sie bitte die folgenden Beispiele: *beehren, herbeieilen, beiordnen.*

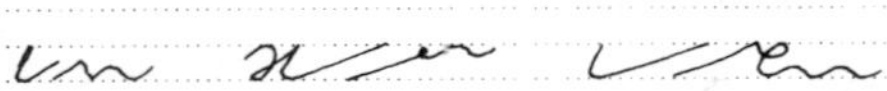

Eine Verbindung ist zu wenig zeilengemäß, wenn der zweite Wortteil eine Ober-, Unter- oder Ganzlänge enthält.
Bitte schreiben Sie die folgenden Beispiele: *Wertpapier, Stadtmitte, Stadtpark.*

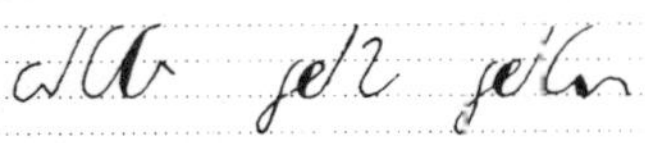

Kürzel

Das Kürzel »dar-« wird aus der Kopfschleife des d und einem verstärkten r dargestellt.
Schreiben Sie bitte eine Zeile das Kürzel *dar.* Übertragen Sie anschließend die nachfolgend aufgeführten Beispiele: *darstellen, darlegen, dargeboten, Darbietung.*

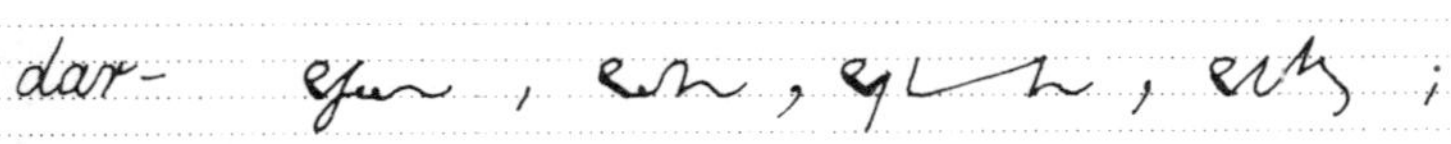

Das Kürzel »uns« wird wie Kürzel »auf« geschrieben, jedoch mit einem viertelstufigen Anstrich.
Üben Sie bitte eine Zeile das Kürzel *uns.*
Das Kürzel »unser« erhält eine kleine Schleife, das Kürzel »unsere« erhält einen e-Ausstrich.
Die Kürzel »unserem«, »unserer«, »unseres« und »unseren« erhalten die jeweilige Endung.
Üben Sie jedes Kürzel eine Zeile, und übertragen Sie dann anschließend die nachfolgenden Beispiele: *Bitte teilen Sie uns umgehend mit, wann uns Ihr Reisender besucht.*

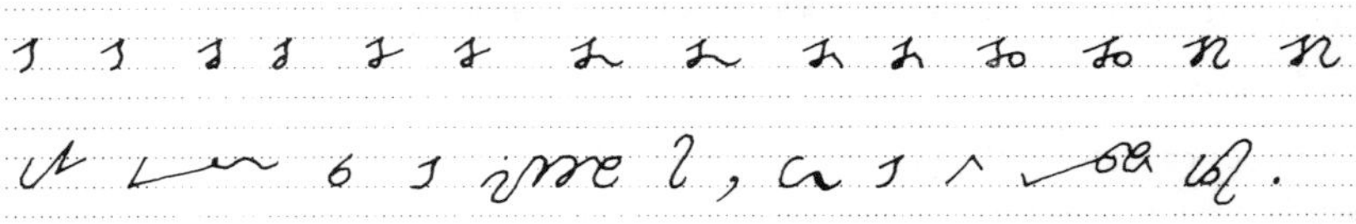

Das Kürzel »üb(e)r« beginnt an der Oberlinie mit einem viertelstufigen Abstrich, der nach rechts übergeht in das im Kürzel enthaltene r und wieder übergeht in einen kleinen Abstrich. Durchkreuzt wird mit einem Aufstrich. Die dem Kürzel folgenden Zeichen werden unmittelbar angeschlossen.
Üben Sie das Kürzel bitte eine Zeile, und übertragen Sie dann die folgenden Beispiele: *überreden, überlegen, überfahren, vorüber, herüber, hinüber, hintenüber.*

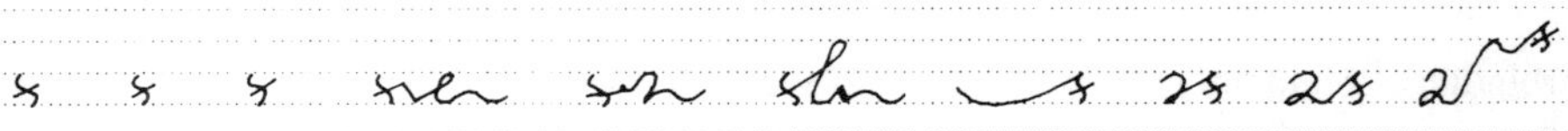

Beim Kürzel »übrig« beginnt der Durchkreuzungsstrich an der Grundlinie.
Schreiben Sie bitte: *Es bleibt uns nichts weiter übrig, als in der Sache nachzugeben.*

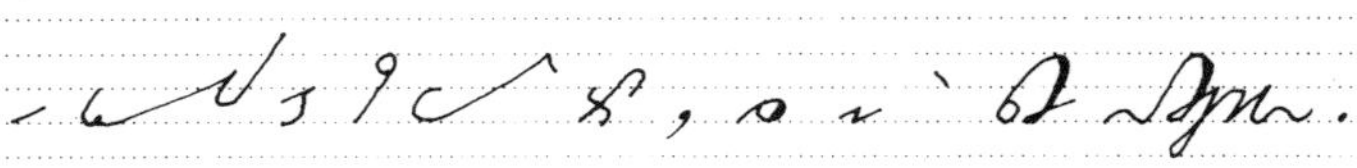

Das Kürzel »würd(e)« ist wie »über«, jedoch auf der Oberlinie. Denken Sie an die Merkhilfe: d hebt. Kürzel »wurd(e)« ist wie »würde«, jedoch ohne Durchkreuzungsstrich.
Übertragen Sie folgende Beispiele: *Vielleicht würde er uns helfen, wenn er davon wüßte. Wurde er* überhaupt davon verständigt?

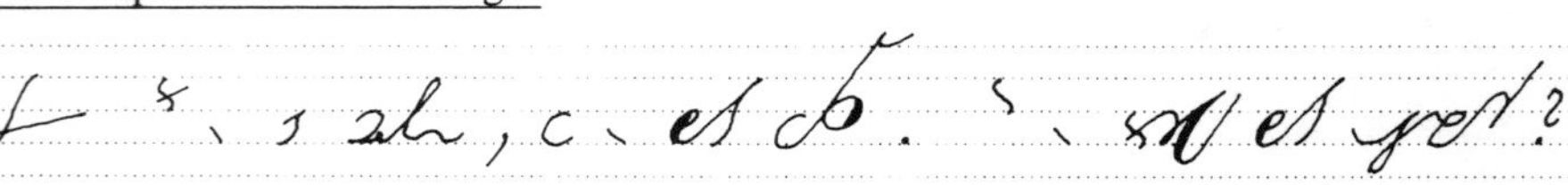

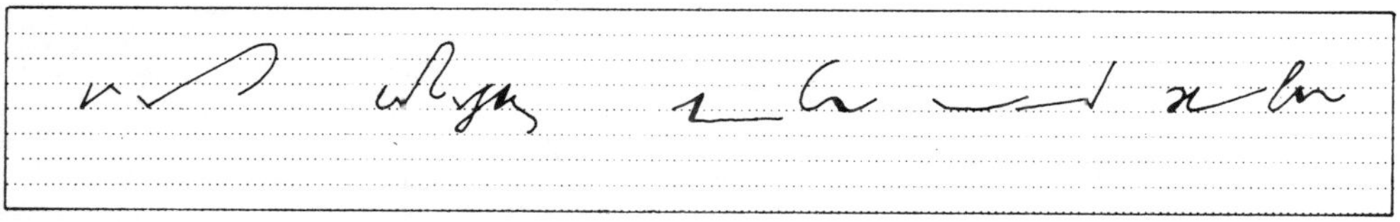

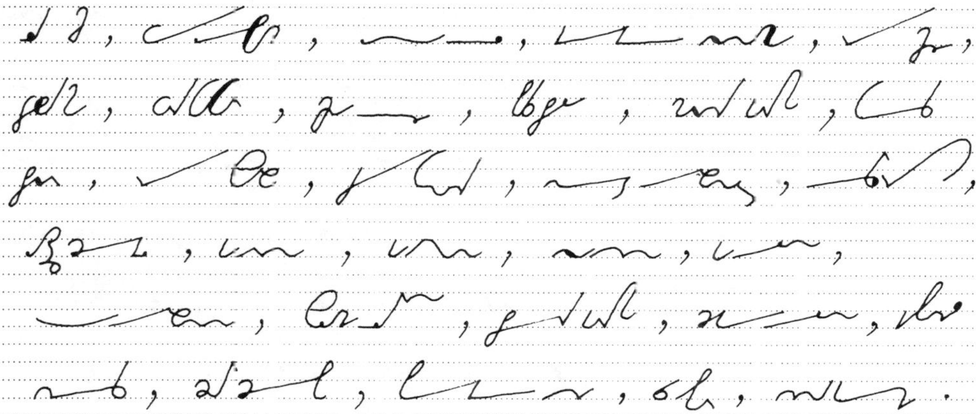

K:

dar- uns unser üb(e)r würd(e) wurd(e)

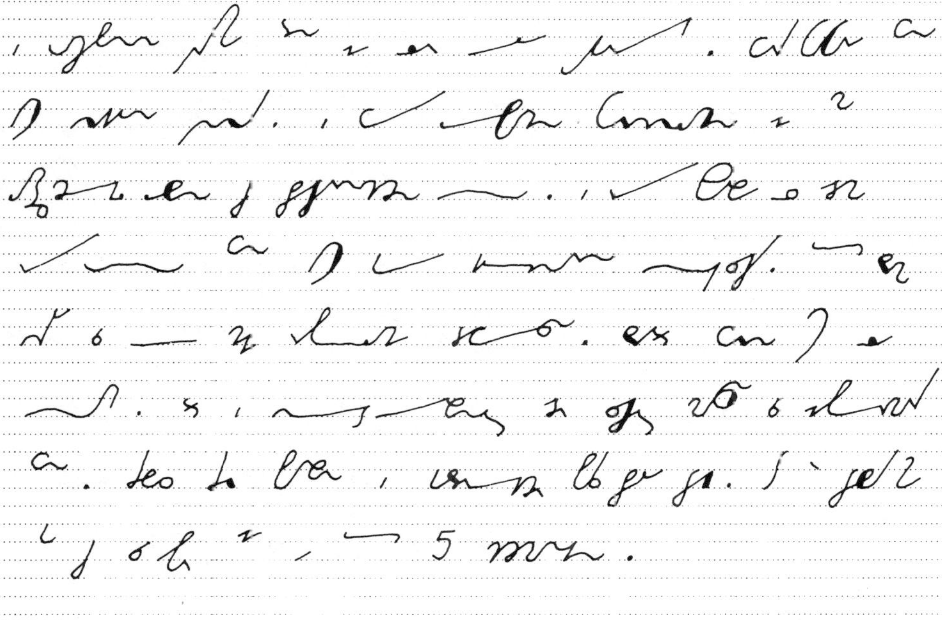

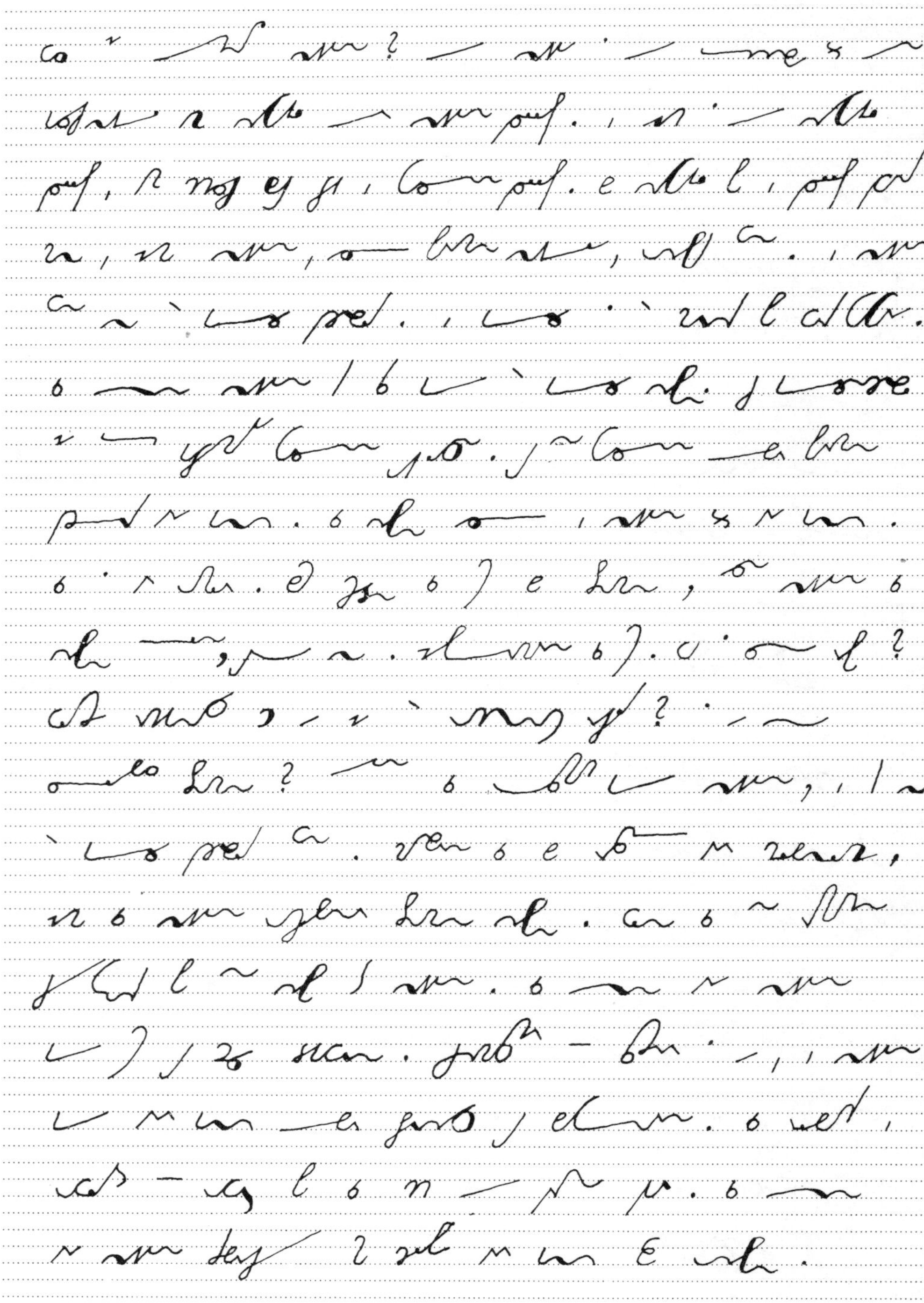

Lektion 19: Nachlaut-r (I)

Durch Vergrößerung der Zeichen wird Nachlaut-r angedeutet. Sie stehen in deutschen Wörtern meist am Wortanfang.

Schreiben Sie bitte die nachstehenden Beispiele:

tragen, betragen, betreten, Trieb, Betrieb, Beitrag, betrachten, vertreiben, Antrieb;
Braten, Brei, Braut, Verbrecher, gebrochen, Brauhaus, gebrannt, verbrüht, Brötchen;
greulich, groß, Greifvögel, grandios, grau, Grube, vergraben, Gründe, grübeln;
Chronik, Creme, Cranach;
Krampf, Kran, krank, Kreuzer, Kreml, Kredit.
Alle Menschen sagen: Nie wieder Krieg!
Ein gebranntes Kind scheut das Feuer.
Aus eigenem Antrieb schafft er das nie.
Sie holt jeden Morgen beim Bäcker Brötchen.
Sie war eine wunderschöne Braut.
Der amerikanische Kreuzer kreuzt im Mittelmeer.
Der Kraftstoff ist momentan nicht billig.
Leider sterben die Greifvögel in der Bundesrepublik langsam aus.

Worterläuterung: *Credo* = Glaubensbekenntnis; *Cranach* = dt. Maler; *Cromargan* = rostfreier Chromnickelstahl; *Cromwell* = engl. Staatsmann; *Cronin* = schottischer Arzt und Schriftsteller; *Cremona* = Stadt in Italien; *Crassus* = röm. Politiker v. Chr.; *Scribe* = franz. Dramatiker; *Scriptum* = das Geschriebene.

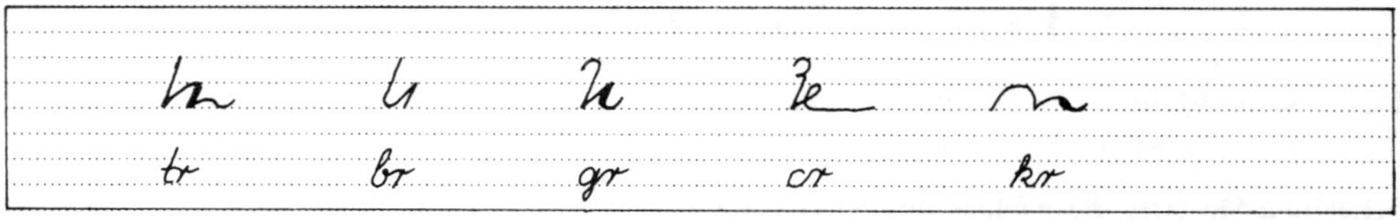

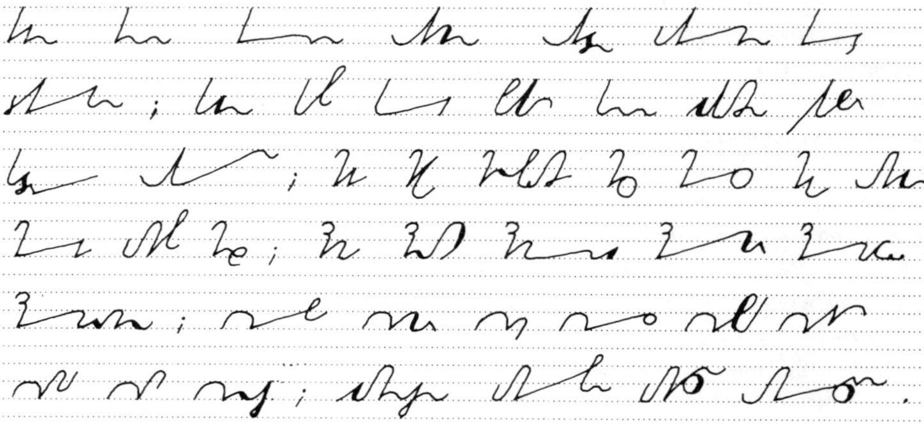

Satzübungen

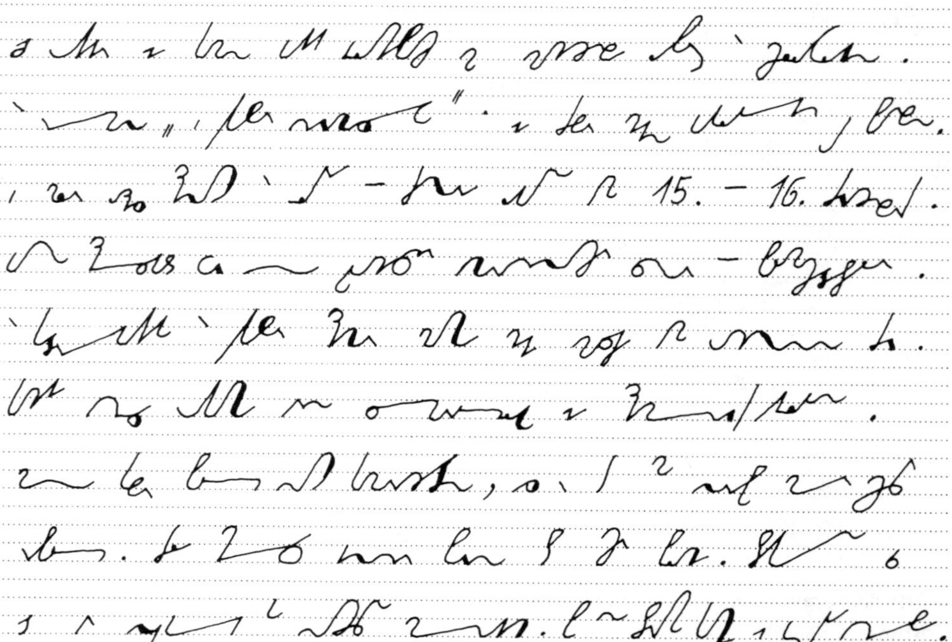

Lektion 19: Nachlaut-r (II und III)

Die Mitlautfolge zr steht auch für die Vorsilbe zer-. Das Kürzel »zur« ist wie die Vorsilbe ent- dargestellt, jedoch in Ganzlänge.

Üben Sie bitte das Kürzel *zur,* und übertragen Sie die nachstehenden Beispiele:

Schrank, Schreck, unerschrocken, unterschreiben, eingeschrieben, Schreibgerät, schreiten; Strafe, Gesamtstrafe, Strafbuch, ausstrahlen, Straßenbahn, Querstraße, gestrichen, Streit, streng; Ansprache, Spray, unausgesprochen, Spree, sprießen, gespritzt, Sprößling, Sprudel, Sprung; zerbrechlich, unzerbrechlich, Zerwürfnis; zur Folge haben, die Zurschaustellung.

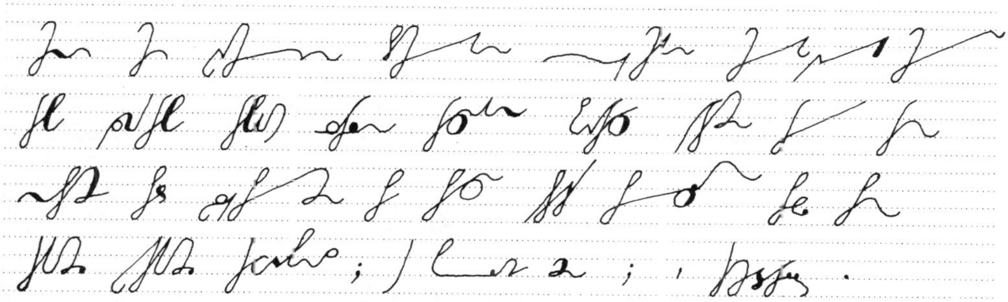

Eine Vergrößerung der nachfolgenden Zeichen ist nicht möglich, da sich sonst ihre Bedeutung ändert, zum Beispiel: aus d wird f, aus w wird p. An diesen Zeichen, deren Größe oder Kopfbogen nicht mehr verändert werden kann, wird der Zeichenfuß verändert. Er wird geradegebogen.

Bitte übertragen Sie die nachfolgenden Beispiele:

Dramatik, drangehen, verdrängen, dreist, Drill, Drink, zudrücken, bedrohen, Dreh; frank und frei, Friede, frieren, fressen, Frist, Front, Frucht, Frühling, fromm; Pfropfen, Pfriem, Pfriemgras, Pfrille, Pfründe; Wrasen, Wruke, Wrack, abgewrackt.

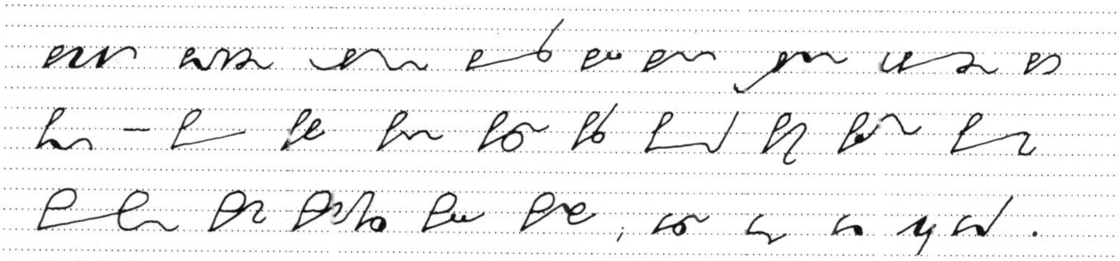

Worterläuterung: *Pfriem* = Schusterwerkzeug; *Pfriemgras* = Grasart in Trockengebieten; *Pfrille* = Elritze (Fisch); *Pfründe* = in der kathl. Kirche Einkommen durch ein Kirchenamt; *Wrasen* = wasserhaltiger Dunst; *Wruke* = norddt. Kohlrübe.

Kürzel

Die Mitlautfolge fr steht für das Kürzel »fort«. Die Mitlautfolge dr steht für das Kürzel »durch«. Das Kürzel »wir« wird durch die Mitlautfolge wr dargestellt. Das Kürzel »wird« ist wr auf der Oberlinie (merke: d hebt). Vor und nach »du« bleibt die Endung -st weg. Die Endung -est dagegen muß immer mitgeschrieben werden.

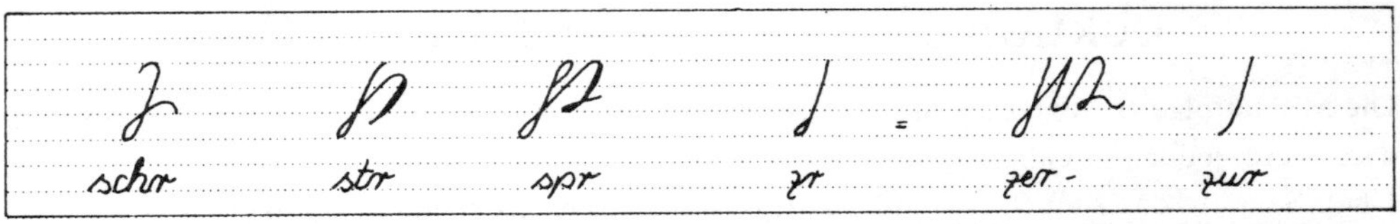

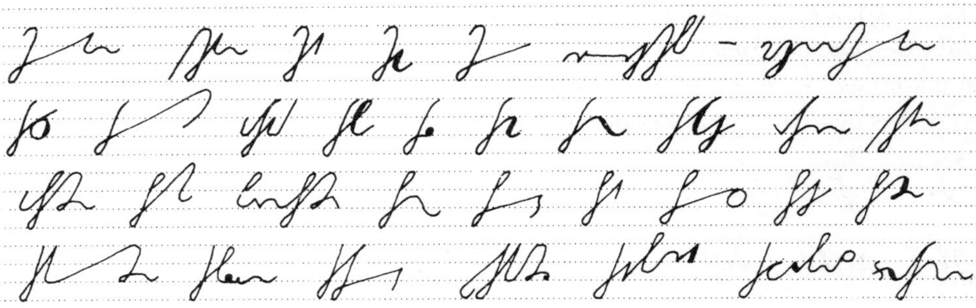

Satzübungen

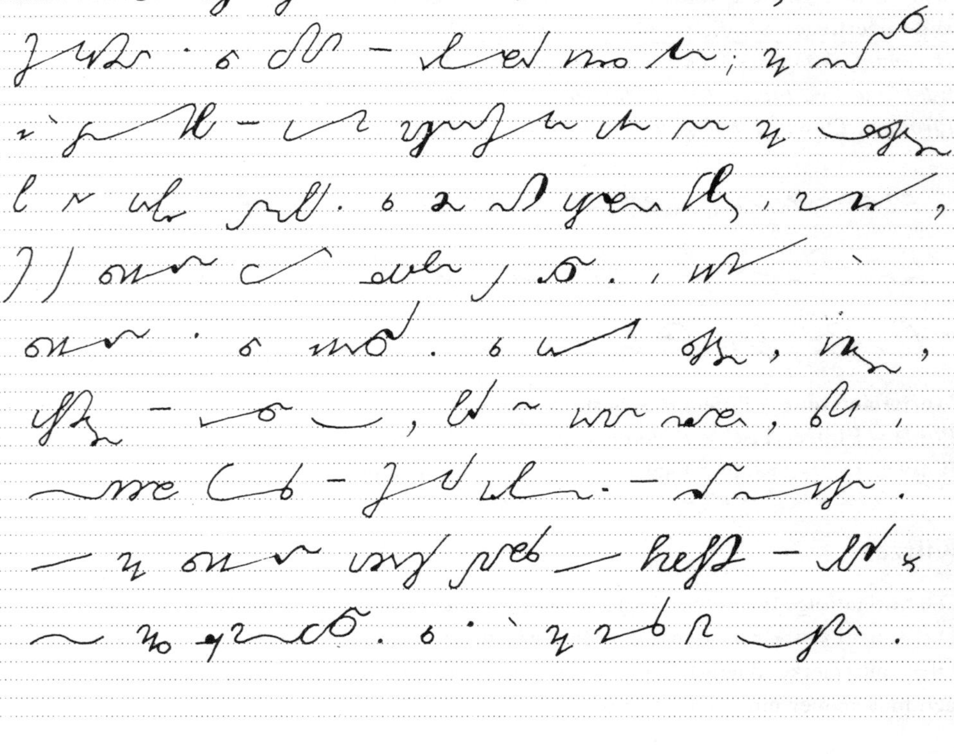

dr fr pfr pr wr

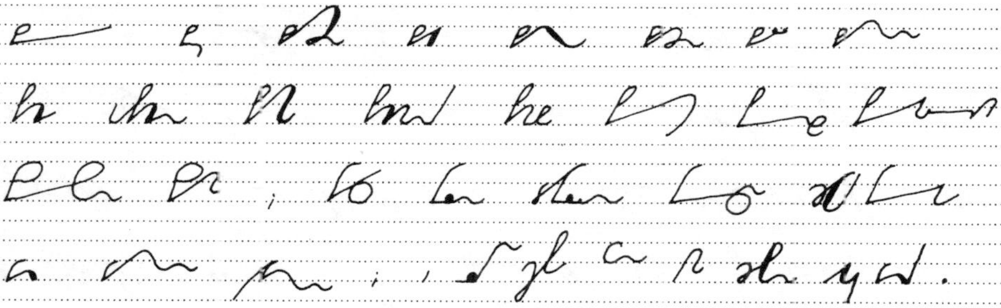

Satzübungen

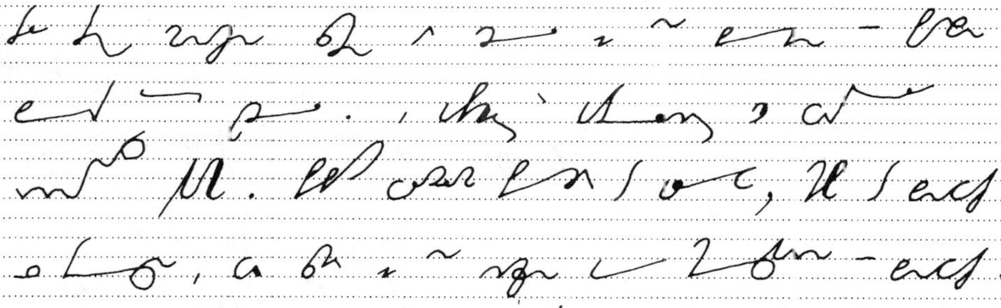

K:

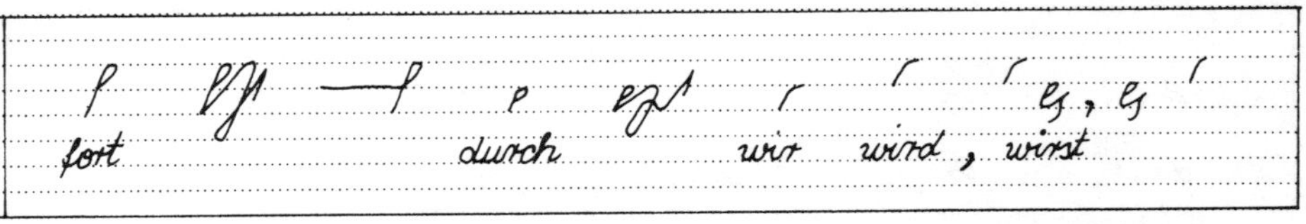

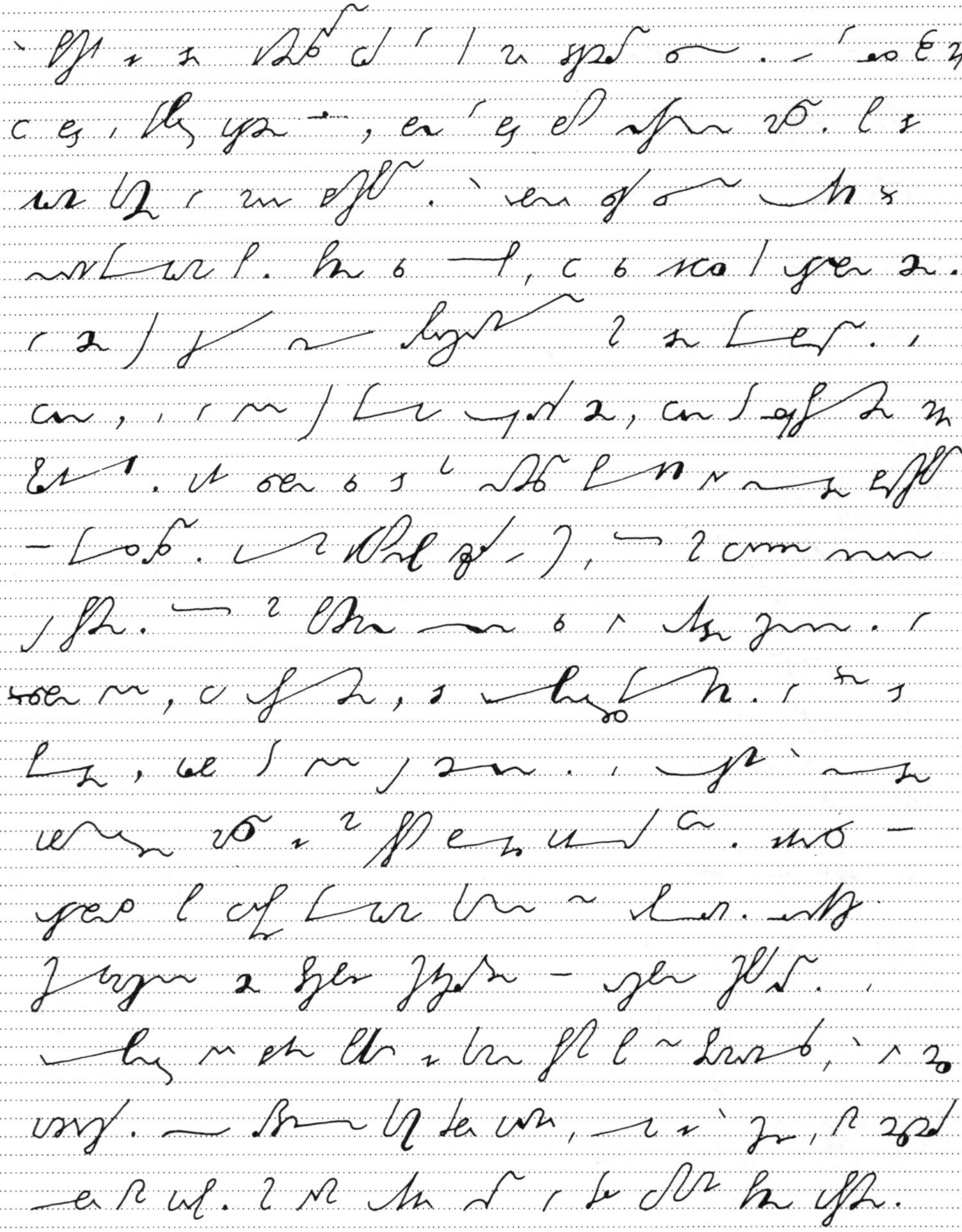

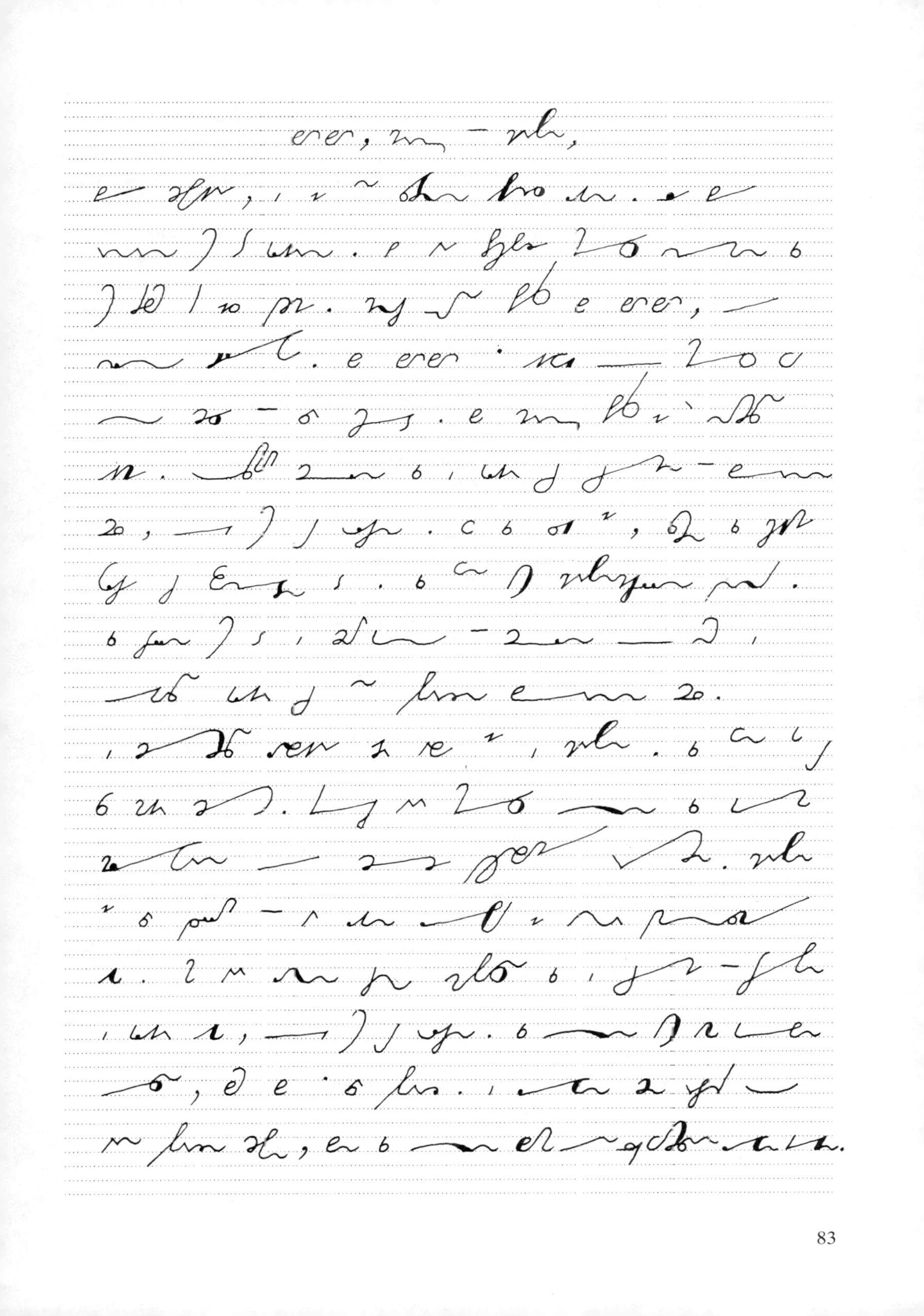

Lektion 20: Besondere l-Verbindungen

l wird vorgelegt, wenn es unmittelbar auf ein geradeauslaufendes, linksauslaufendes oder ein Fußschleifenzeichen folgt. Das gilt auch für die Sprachsilbenfuge (Worterweiterung, Wortzusammensetzung).

Das vorgelegte l sitzt etwa eine Viertelstufe über der Grundlinie. Nach Geradeausläufen und Fußschleifenzeichen wird beim Vorlegen des l nicht abgesetzt. Nach Linksausläufen wird abgesetzt und das l eingelegt.

l wird nach geradeauslaufenden Zeichen vorgelegt.

Bitte schreiben Sie: *durchlaufen, fortlaufen, Gegenliebe, Wissenschaftler, glatt, Kotelett.*

l wird vorgelegt nach: tl, gl, durchl, fortl, gegenl, schaftl.

l wird nach linksauslaufenden Zeichen vorgelegt.

Bitte schreiben Sie: *nachlaufen, aufladen, entlegen, Antlitz, unterliegen, herlegen.*

l wird vorgelegt nach: herl, chl, xl, aufl, vl, antl, entl, unterl, aul, eul, äul.

l wird nach Unterlängen bzw. Fußschleifenzeichen vorgelegt.

Schreiben Sie bitte: *Schleife, Kanzler, zerlegen, abzuliefern, Zwischenlage.*

l wird vorgelegt nach: schl, zl, zul, zwischenl, zerl, spl.

Die Sprachsilbenfuge wird nicht berücksichtigt:

Bitte schreiben Sie: *Rohleder, Waschlauge.*

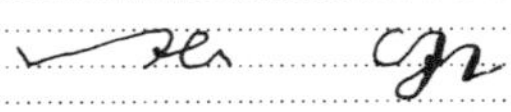

Nach halbstufigen Geradeausläufen wird l nicht vorgelegt. Das Schriftbild würde zu undeutlich.

Schreiben Sie folgende Beispiele: *Urlaub, Klee, Sperling.*

An Aufstrich-t (-eit) folgendes l wird unmittelbar angeschlossen.

Übertragen Sie folgende Beispiele: *Mantel, Gürtel, wortlos.*

l nach geraden Zeichen   l nach Linksausläufen

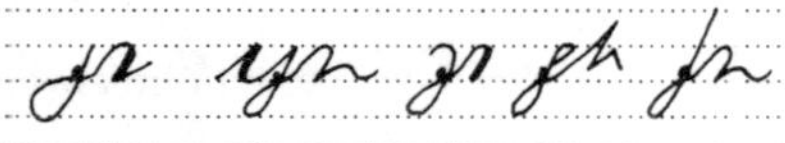

l nach Unterlängen

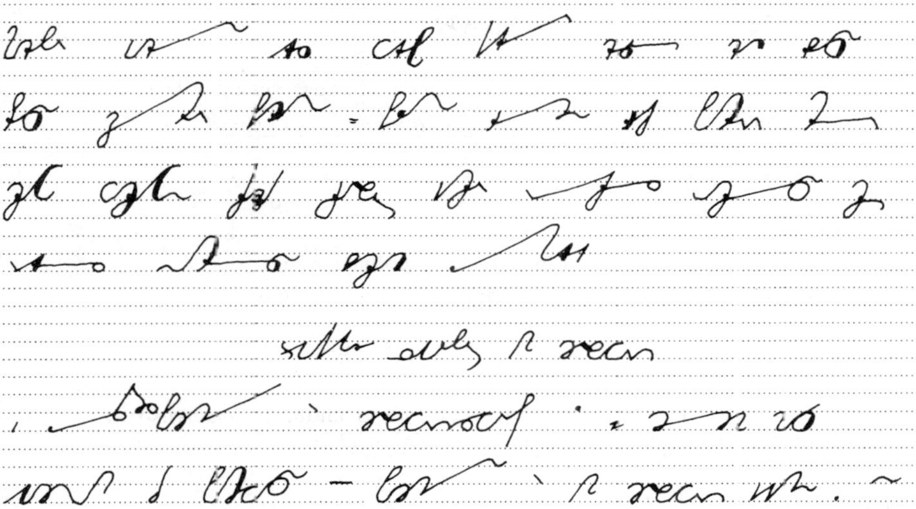

Lektion 21: Kürzel mit linkswendigem s

Durch die Bildung von linkswendigem s hat man den Formenreichtum der Kurzschrift vermehrt. Linkswendiges s erhöht die Deutlichkeit und vermeidet die Verwechslungsgefahr. Außerdem begünstigt es den Schreibfluß, da das linkswendige s in der Schreibrichtung weitergeführt werden kann. Wie aus dem rechtswendigen s, so wurden auch aus dem linkswendigen s Kürzel gebildet. Das Kürzel »dies« besteht aus dem i-Anstrich und einem linkswendigen s. Das Kürzel ist von unten nach oben zu schreiben.

Schreiben Sie folgenden Satz: *Dies ist einzig und allein Ihre Aufgabe.*

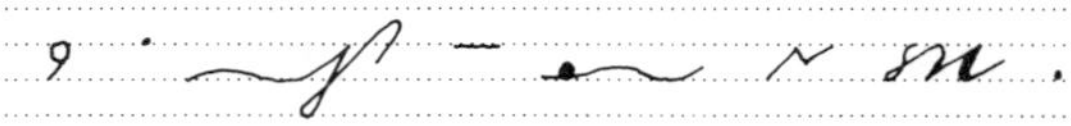

Das Kürzel »voraus«: Es wurden die Kürzel »vor« und »aus« verschmolzen.

Bitte schreiben Sie: *Bitte teilen Sie uns den Liefertermin im voraus mit.*

Das Kürzel »miß(ss)« besteht aus m mit zurückgeschlungenem s.

Bitte schreiben Sie: *Leider ist den Forschern dieser Versuch mißlungen.*

Das Kürzel »sonder(s, n)« ist linkswendiges s auf der Grundlinie *ohne* Anstrich.

Bitte schreiben Sie: *Beachten Sie heute unser Sonderangebot.*

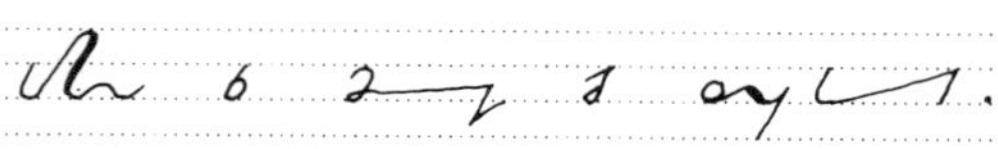

Das Kürzel sonder(s, n) ist ein Sonderfall und steht deshalb auf der Grundlinie. Das Kürzel »besonder(s)« besteht aus einem b und einem linkswendigen s, das eigentlich nur eine Unterscheidungsschleife ist. Die Schleife wird genau mit dem Abstrich des b durchkreuzt. Die Schreibweise ist ähnlich dem mp.

Üben Sie bitte eine Zeile das Kürzel, und schreiben Sie dann: *Für Ihre Hilfe besonderen Dank. besonder-, besondere, besonderen, besonderes.*

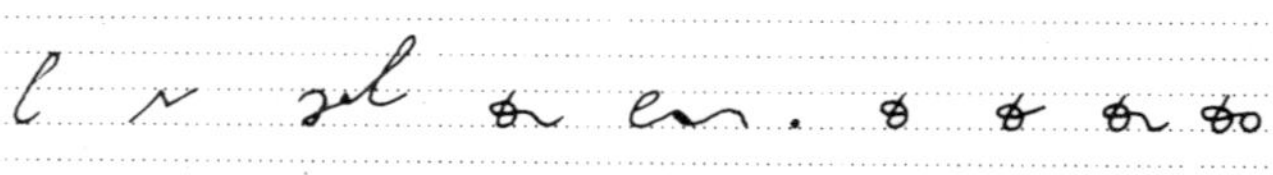

Das Kürzel »zusammen« ist »zu« mit linkswendigem, verstärkten s. Das Kürzel »zusammen« wird von unten nach oben geschrieben.

Schreiben Sie folgende Beispiele: *Die Ausführungen des Redners waren vollkommen zusammenhanglos.*

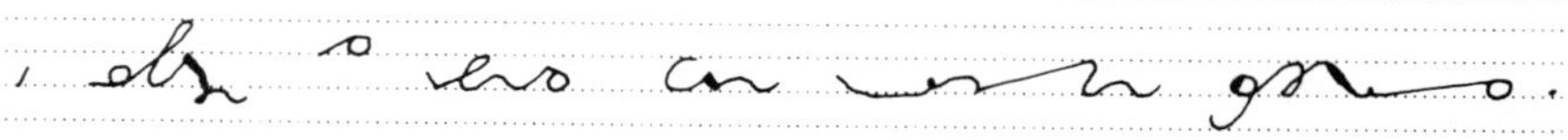

dies voraus sonder (s, n) miß-(ss) besonder(s) zusammen

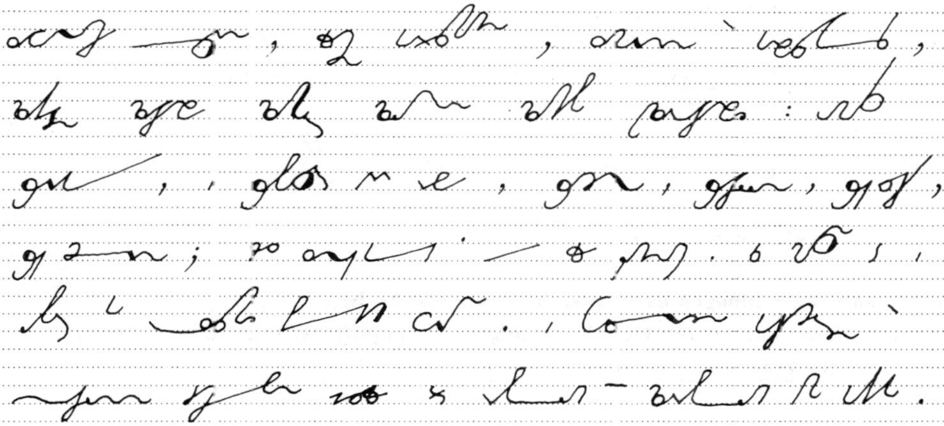

Eine gute Ausbildung

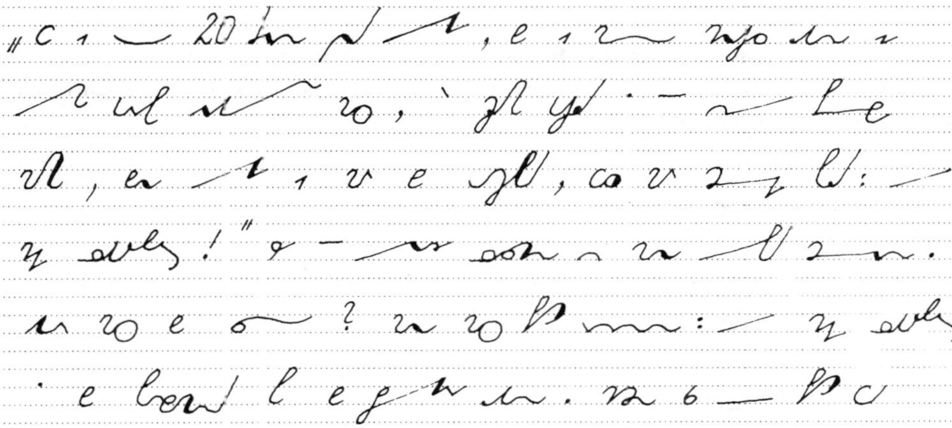

Lektion 22: Besondere s-Verbindungen

Für die besonderen Verbindungen mit s gilt bereits die Einleitung zu Lektion 21. Die besonderen s-Verbindungen wurden geschaffen, um die Verwechslungsgefahr zu vermeiden und den Schreibfluß nicht zu beeinträchtigen.
Nach allen rechtsrunden Zeichen wird s (ss, ß) zurückgeschlungen.
Schreiben Sie bitte: *Hengst, Berufsschule, Herbstferien, einst, nachts.*

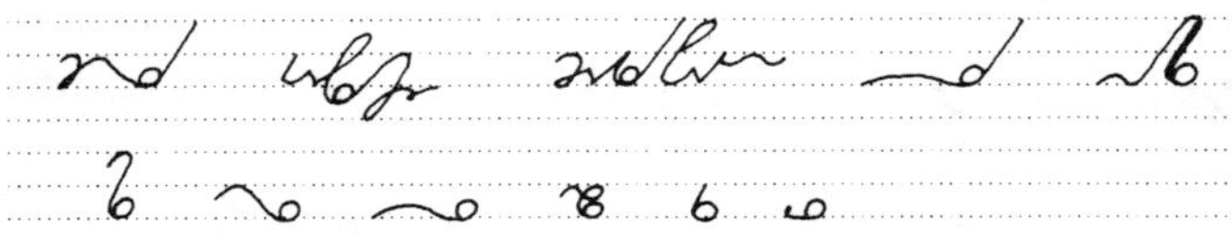

s wird zurückgeschlungen nach chts, ngs, eins, nds, bs, ls.
Nach mittleren und großen Geradeausläufen wird unmittelbar folgendes s vorgelegt.
Schreiben Sie bitte: *montags, Wirtschaftsleben.*

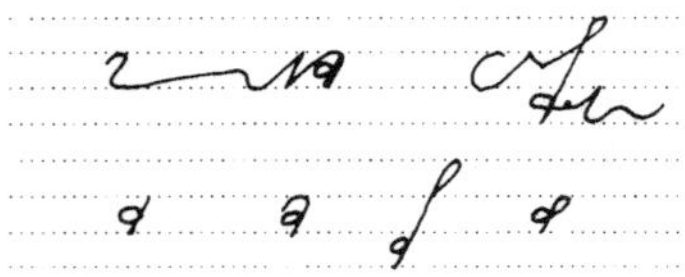

s wird vorgelegt nach ts, gs, schafts, durchs.
Nach Aufstrich-t und -eit wird unmittelbar folgendes s ebenfalls linkswendig geschrieben.
Schreiben Sie bitte: *abseits, rückwärts.*

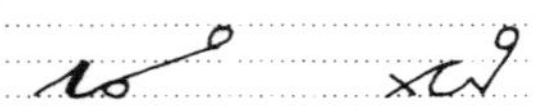

In der Sprachsilbenfuge kommen die besonderen s-Verbindungen nicht zur Anwendung.
Schreiben Sie bitte: *Gegenseite, Fortsetzung, Absicht.*

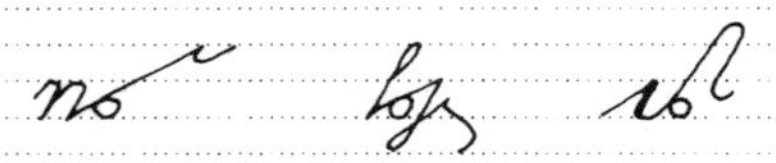

Die Nachsilben -sam, -sal, und -selig (-sel) können sowohl mit rechtswendigem s als auch mit linkswendigem s geschrieben werden. Die Schreibweise mit rechtswendigem s sollte bevorzugt werden.
Schreiben Sie bitte: *ratsam, Trübsal, Rätsel.*

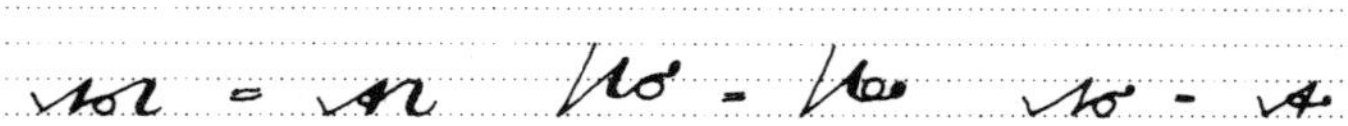

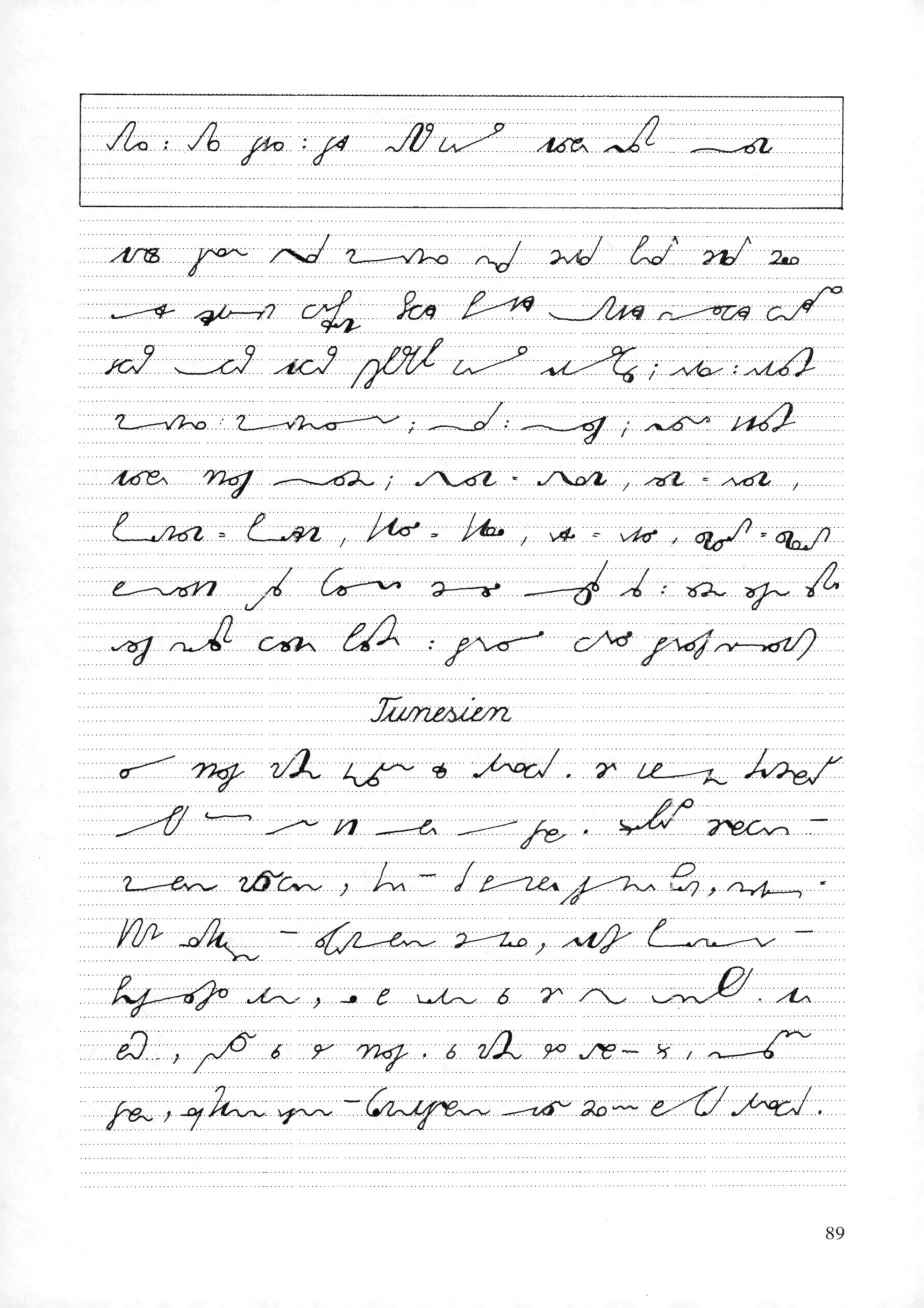

Tunesien

Das Postsparbuch

Die Befreiungshalle

Lektion 23: Anschluß an Aufstrich-t (-eit)

Nach Aufstrich-t und -eit (ait) werden e vor Mitlauten und i in -ig weggelassen (siehe auch Lektion 9).
Vor -heit, -schaft bleibt Aufstrich-t weg. Auch vor -tum entfällt Aufstrich-t.
Schreiben Sie folgende Beispiele: *Papsttum, Schrifttum.*

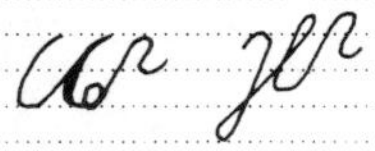

Aufstrich-t wird vor großen Zeichen auf 3 Stufen vergrößert.
Bitte schreiben Sie folgende Beispiele: *Festchen, Kistchen, Westchen, Nestchen.*

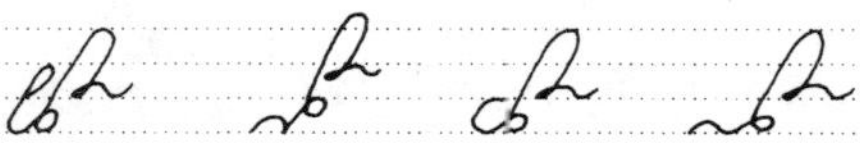

Kürzel

Das Kürzel »nied(e)r(ig)« wird von der Mitlautfolge ndr dargestellt.
Übertragen Sie die folgenden Sätze: *Wir wollen die Preise so niedrig wie möglich halten.*

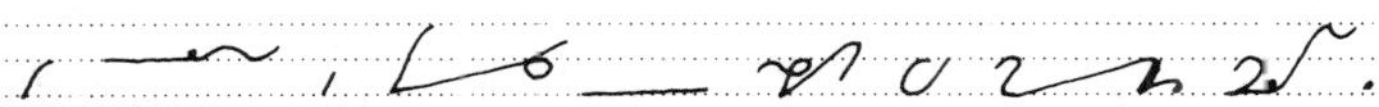

Das Kürzel »ander-« wurde aus der Mitlautfolge dr mit Anstrich und Verstärkung gebildet.
Schreiben Sie bitte folgende Beispiele: *Andere Länder, andere Sitten.*

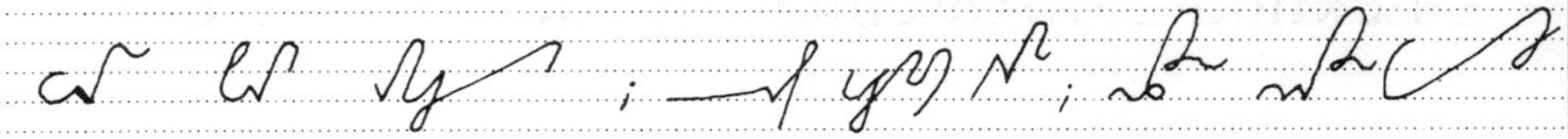

warten -tig -eitig

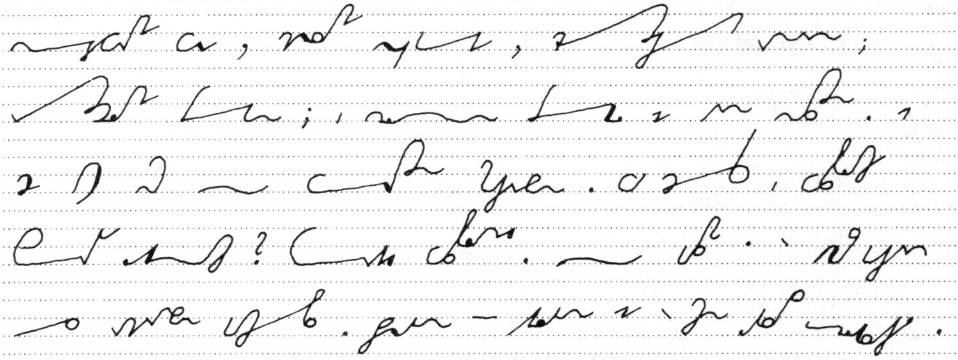

K:

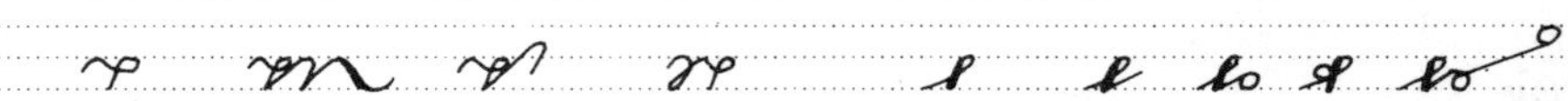

nieder niedr- ander-

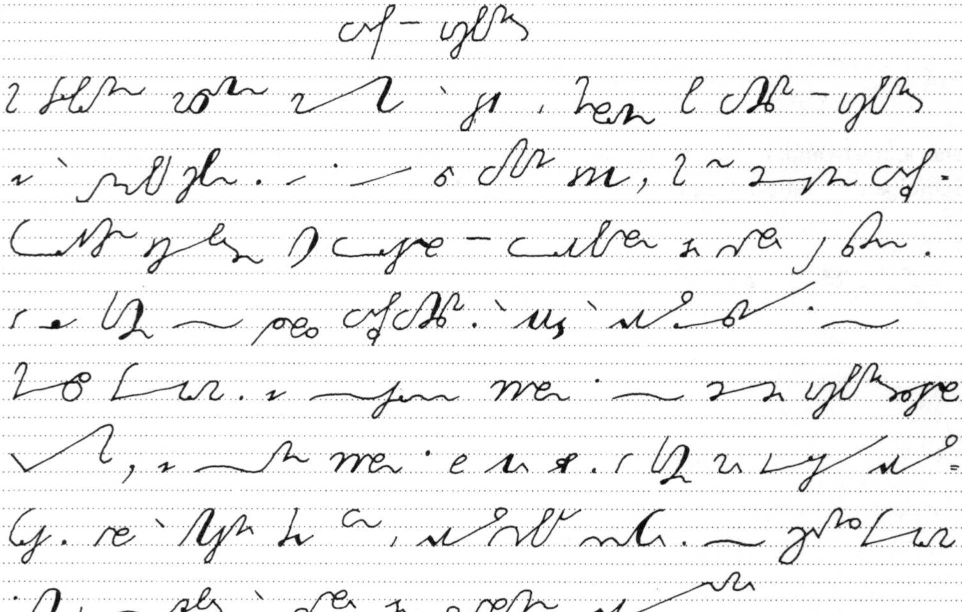

Lektion 24: Silbenzeichen -ion, Vorsilbe kon-

Das Silbenzeichen -ion ist auch ein Nachsilbenkürzel. Es gehört zu den einstufigen Zeichen, -ion beginnt mit einem i-Aufstrich bis zur Oberlinie und endet mit einer weiten, flachen Wanne (wie »vor«) unter der Oberlinie.
Schreiben Sie bitte folgende Beispiele: *Sensation, Reklamation, Nationen.*

Das Vorsilbenkürzel kon- wird durch einen weiten, flachen Bogen, etwa 3mal so weit wie k, dargestellt.
Bitte üben Sie folgende Beispiele: *konsequent, Konserve, Konto, konkret.*

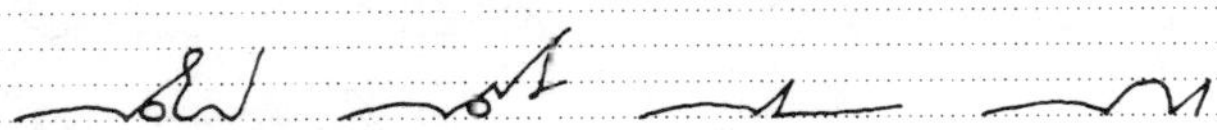

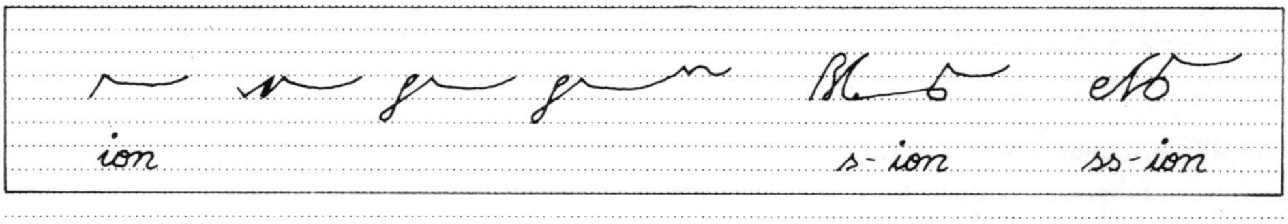
ion
s-ion
ss-ion

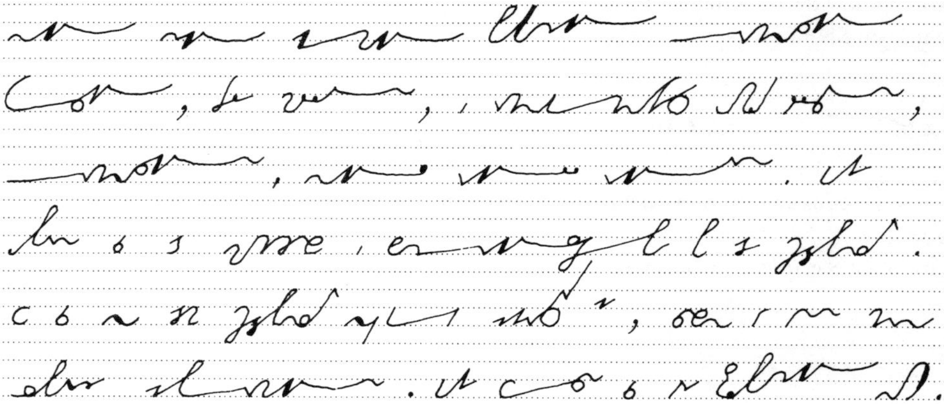

K:
-kon-

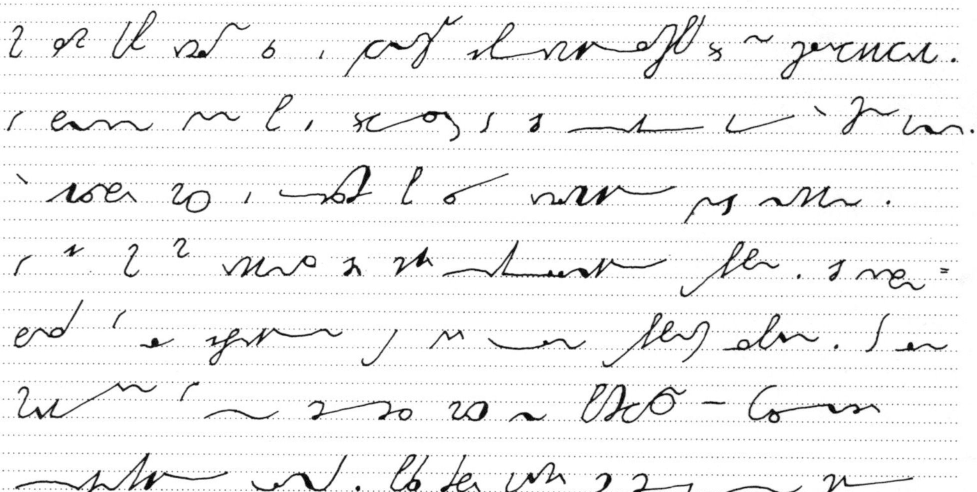

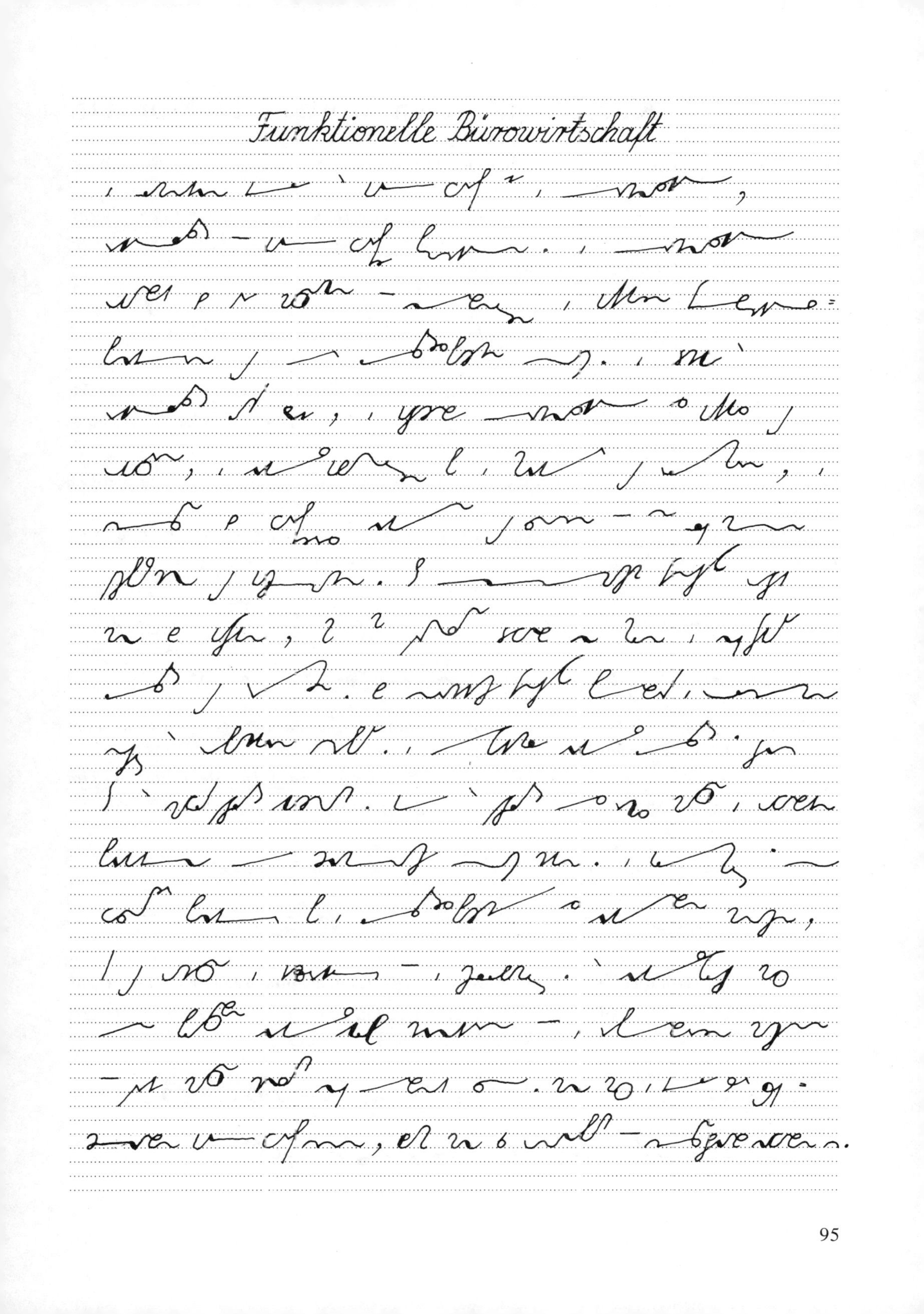

Funktionelle Bürowirtschaft

Lektion 25: Kürzel soll-, solch, worden, Doktor, Dr.

Das Kürzel »soll-« wird durch ein s auf der Oberlinie dargestellt. Vor- und nach -du- bleibt -st weg.

Schreiben Sie bitte: *Dieses Buch soll Ihnen ein wertvoller Helfer sein. Du sollst den Auftrag prüfen. Er sollte sich mehr um die Qualität seiner Ware kümmern. Sie sollen die neue Anlage einbauen. Sie soll ihre Schreibmaschine wöchentlich reinigen.*

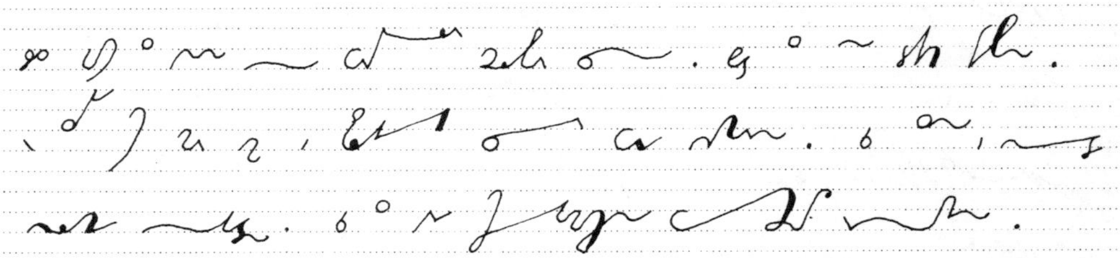

Das Kürzel »solch«: An s, welches zwischen der Oberlinie und Obergrenze schwebt, wird ch angeschlossen.

Bitte schreiben Sie: *Solch ein interessantes Projekt habe ich noch nie gesehen. Die Eltern des Jungen haben sich solche Sorgen gemacht. Ein solches Kompliment ist sehr selten.*

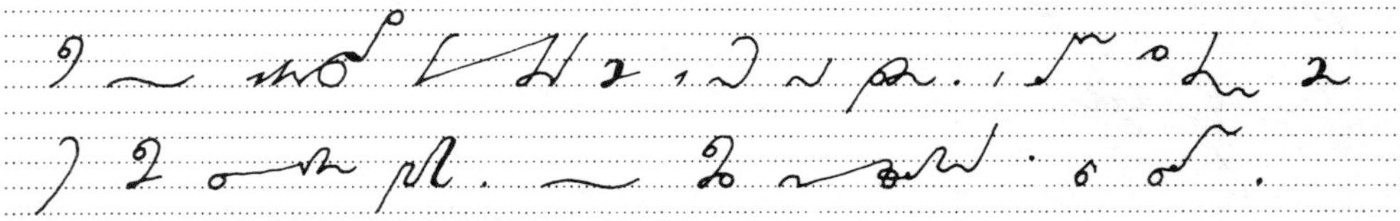

Das Kürzel »worden« wird durch -vor- auf der Oberlinie dargestellt. Bei »geworden« wird der Anstrich ge- bis zur Oberlinie hochgezogen.

Schreiben Sie bitte: *Die Produktion ist noch rechtzeitig fertig geworden. Der Mengenrabatt ist im Angebot angegeben worden. Ihre Wünsche sind von unserem Haus berücksichtigt worden.*

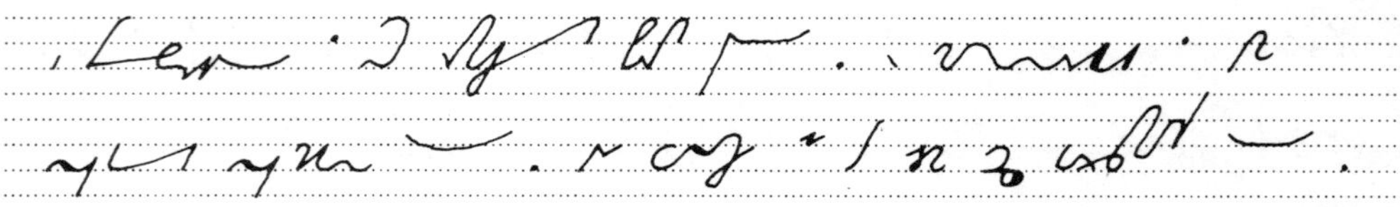

Das Kürzel »Dr. (Doktor)« besteht aus der Kopfschleife des d, die im Auslauf in ein r übergeht.

Schreiben Sie bitte: *Doktoren aus aller Welt treffen sich jährlich beim Ärtzekongreß. Dr. Wagner hat den Patienten nach der Untersuchung ins Krankenhaus eingewiesen.*

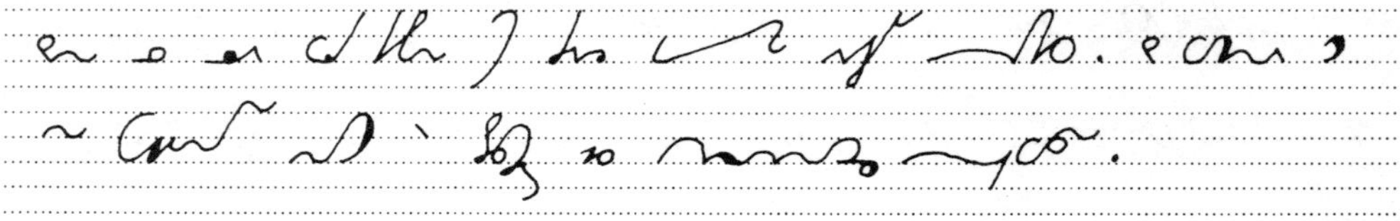

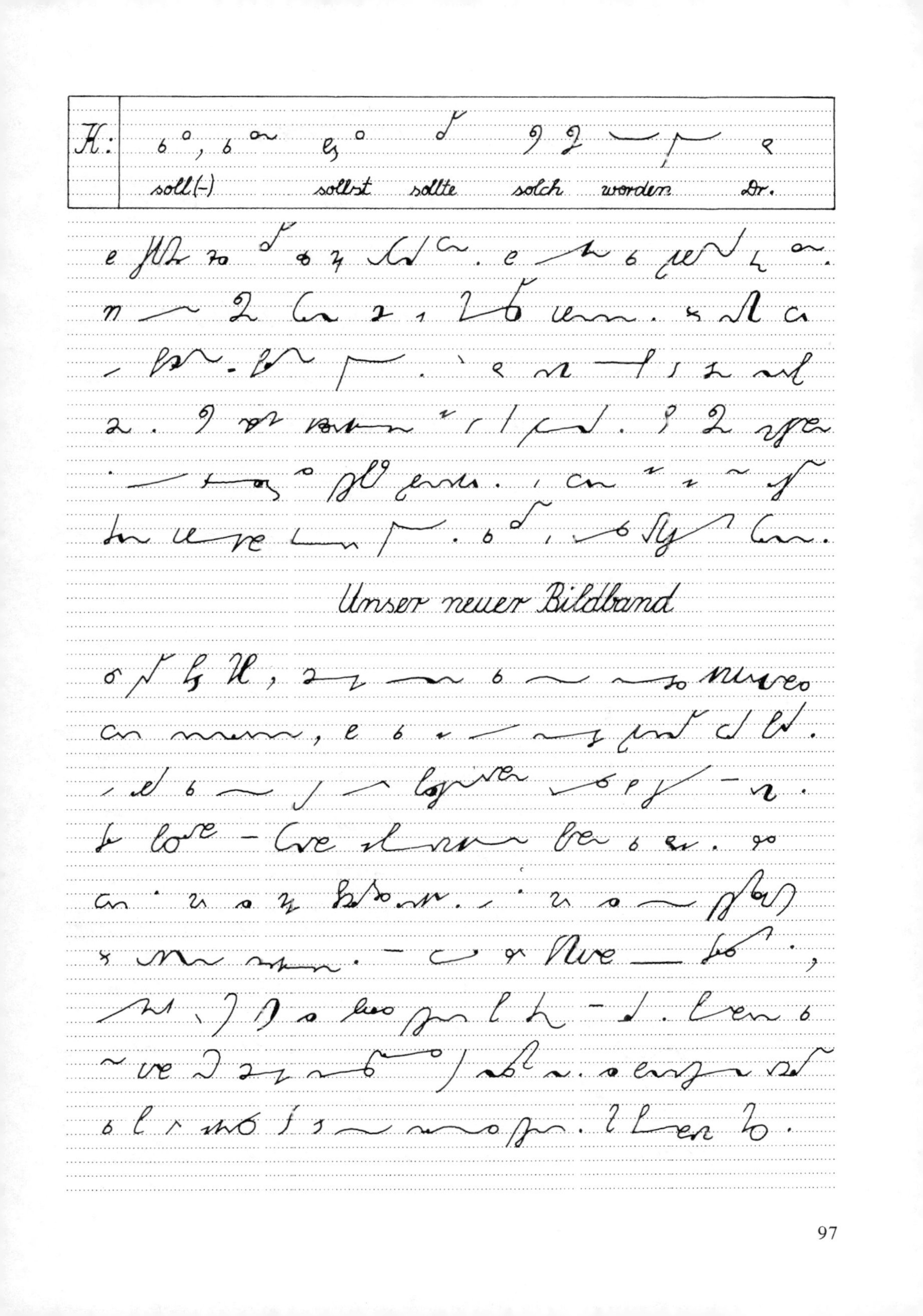

K: soll(-) sollst sollte solch worden Dr.

Unser neuer Bildband

Faustregeln für eine Bewerbung

Lektion 26: Sprachsilbenfuge (I)

1. In Worterweiterungen und Wortzusammensetzungen wird die sprachliche Gliederung berücksichtigt. Jeder Wortteil behält seine ursprüngliche Gestalt. Selbstlaute am Wortende werden buchstäblich geschrieben.
2. Die besondere Verbindung mit l wird auch in der Sprachsilbenfuge angewendet (siehe Lektion 20).

Schreiben Sie folgende Beispiele: *Fettrand, Sodawasser, Kontoauszug, Wolgalied, Neustadt, herzlos, Winzling, Waschlappen.*

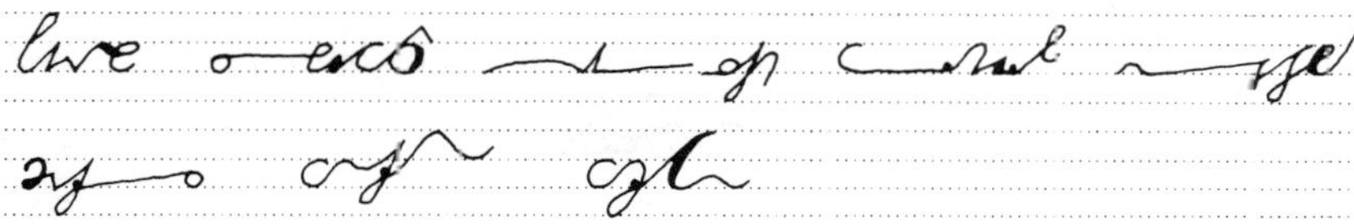

Lektion 26: Sprachsilbenfuge (II)

1. Die Selbstlaute e, o, i, ei (ai) werden am Wortende versinnbildlicht, wenn ein Abstrichzeichen folgt.
   Schreiben Sie bitte: *Lotterie, Mekka, miau, Gala.*
2. In der Regel werden zusammengesetzte oder erweiterte Wörter verbunden. Man trennt sie nur, wenn die Verbindung unhandlich, undeutlich oder zu wenig zeilenmäßig wäre. Die Wortteile sind dann eng nebeneinanderzustellen.
   Beispiele: Oslofjord, Nordwestdeutschland, Mindestforderung, Luftpost.
3. Nach um- darf man zur Grundlinie zurückkehren, wenn die Deutlichkeit nicht darunter leidet.
   Beispiele: Umgang, Umfang, Umlage, Umtrunk.
4. Zur Verbindung dürfen Wortkürzel ihren Platz verlassen.
   Beispiele: bisher, deshalb, dergleichen, demgegenüber, dementsprechend.

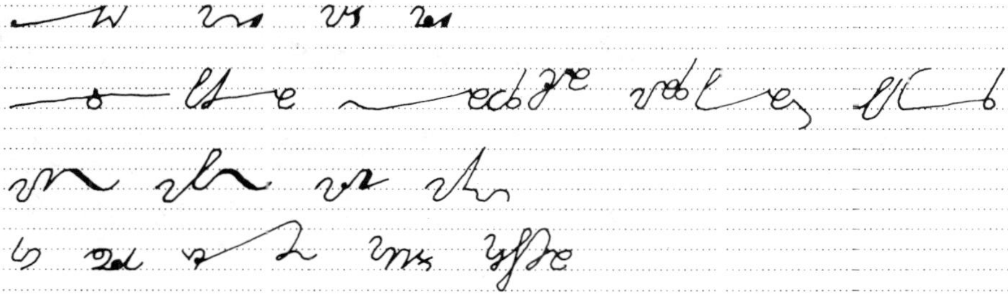

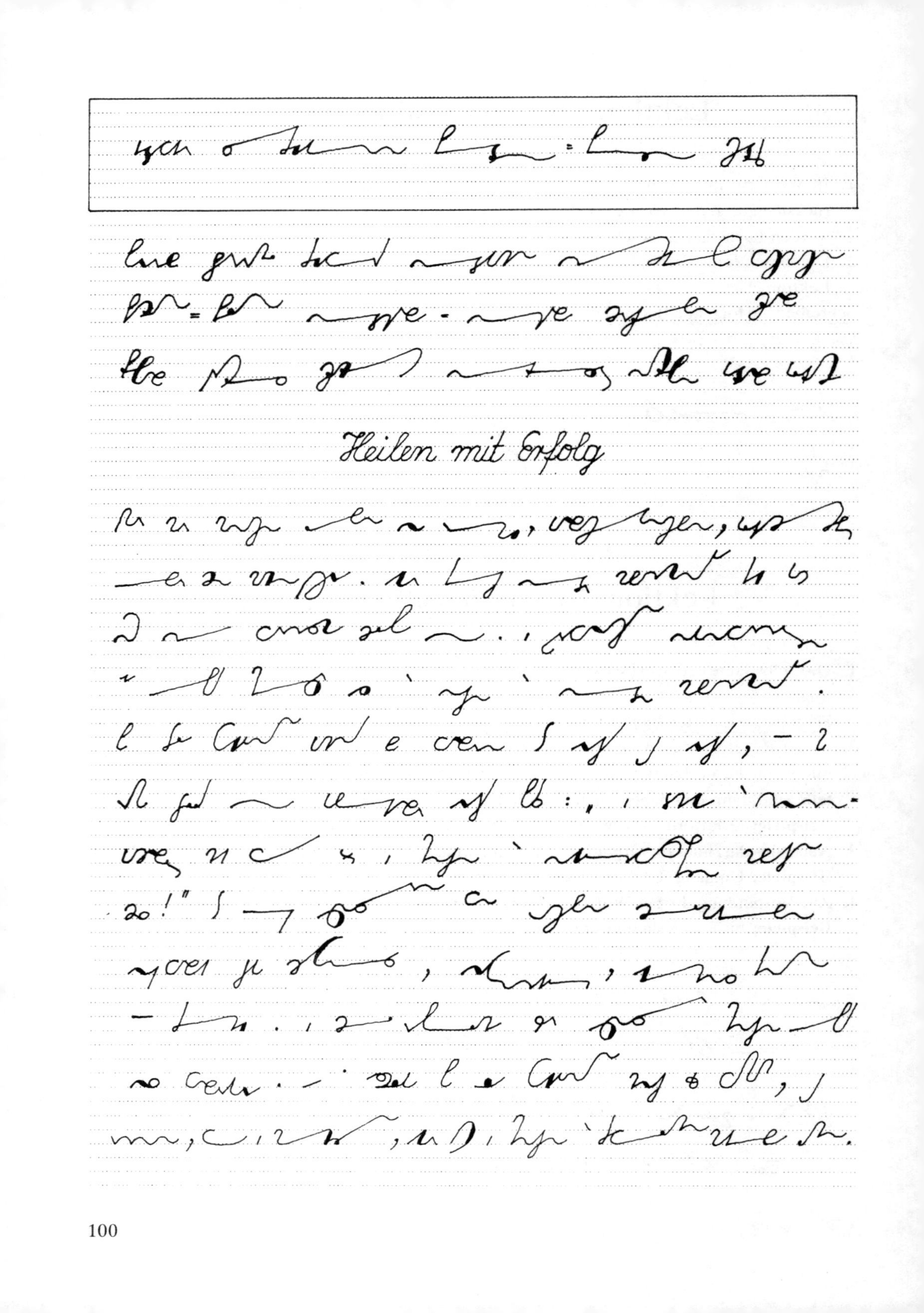

Heilen mit Erfolg

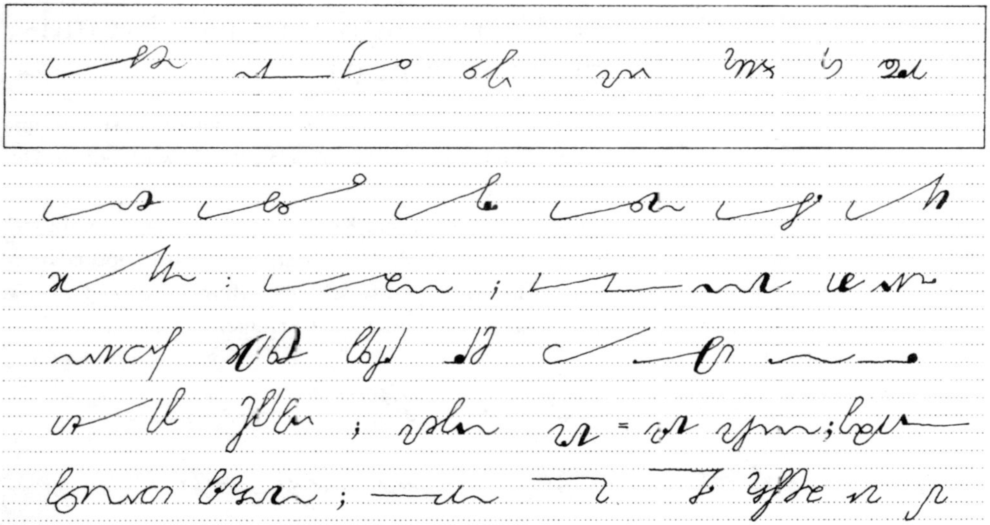

Intersteno-Kongreß 81

Lektion 27: Abstrich-str (st) und -tr(-) in Fremdwörtern (Namen)

Abstrich-str(st) und -tr(-t) wird in Fremdwörtern und Namen immer geschrieben. Abstrich-t und Anlaut-str wird in Fremdwörtern und Namen immer verwendet. Am Wortende wird jedoch Aufstrich-t und -st geschrieben.

Beispiele: Abenteuer, Abiturient, abstrakt, Administration, Konstruktion, Kastanie, Katastrophe, Jurist : juristisch, Industrie, Illustrierte, frustrieren, Partei, Pakistan, Optimist : optimistisch, Neptun, monströs, Moment : momentan, Minister : ministeriell, die Metro, Justiz, Logistik, Kult : Kultur, Kosten : Kostüm, korrekt : Korrektur, statistisch, Instrument : instrumental.

Lektion 28: Fremdwörter und Eigennamen

Fremdwörter und Eigennamen dürfen nach ihrer Aussprache oder nach der Rechtschreibung geschrieben werden. Die sprachliche Gliederung braucht nicht berücksichtigt zu werden, um umständliche Wortbilder zu vermeiden.

Deutsche Vorsilben (ge-, un-, ver-) werden nicht für Fremdwörter verwendet.

Beispiele: Geologe, General, Georg, Ungarn, Uniform, Union, Universität, Veranda, Vers, Version, vertikal, Ingenieur, Journal, Chance, Revanche, Revier, Odyssee, Necessaire.

Astrologie

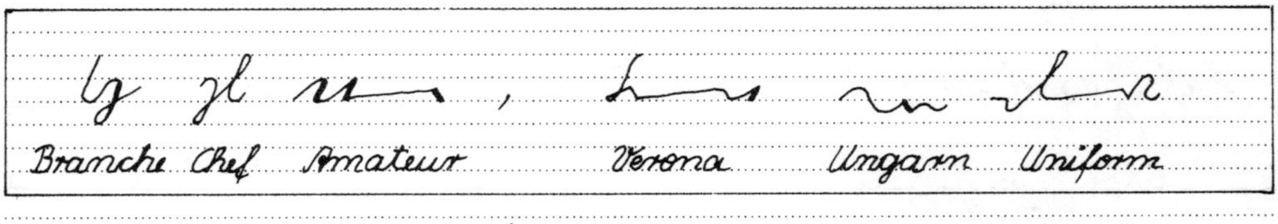

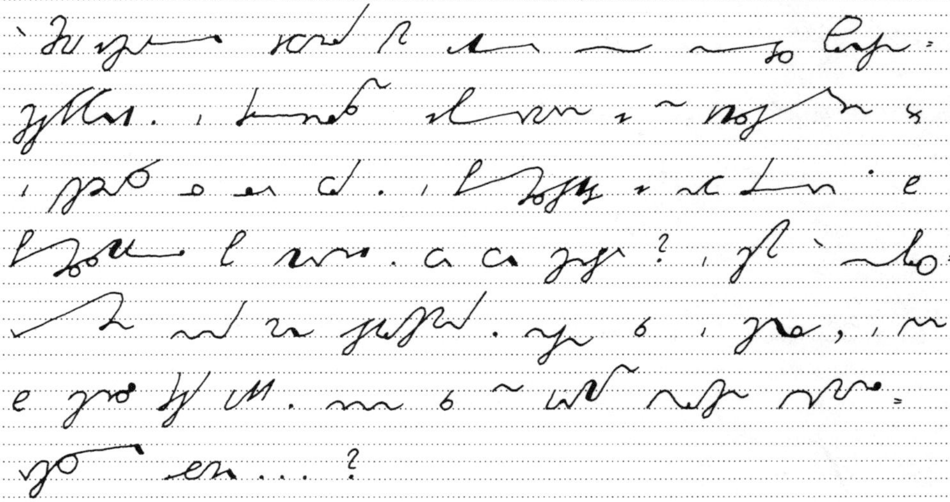

Das unnötige Fremdwort

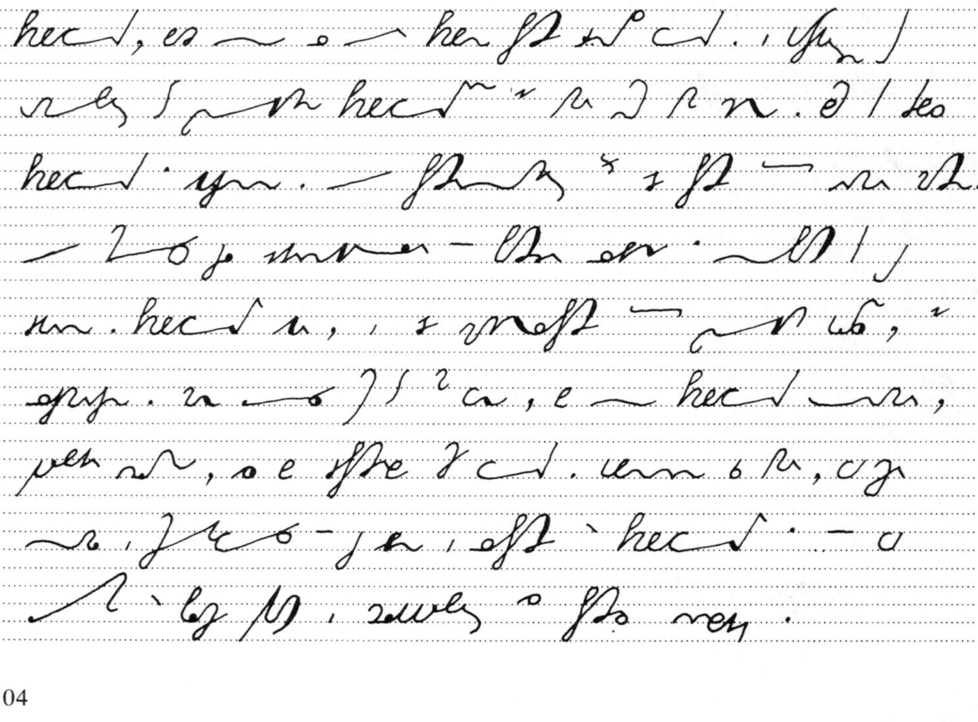

Lektion 29: Unterscheidungszeichen und Abkürzungen

Unterscheidungszeichen

In der Kurzschrift gibt es im allgemeinen keine Silbendehnung, Mitlautverdoppelung und Selbstlautverdoppelung. So kann es notwendig sein, daß man beispielsweise in Eigennamen oder Bezeichnungen besondere Zeichen verwenden muß, um das Wortbild richtig lesen zu können.

a) Der **untergesetzte Punkt** unter ein Mitlautzeichen bedeutet die Verdoppelung des Mitlauts (nicht bei ll, rr, ss).
b) Der **übergesetzte Punkt** unterscheidet ai : ei, ß : ss, q : qu, ck : k, tz : z, i : t.
c) **Großbuchstaben** werden durch Unterstreichen bezeichnet.
d) Die **Länge der Silbe** wird durch einen übergesetzten Strich bezeichnet, die **Kürze der Silbe** durch einen übergesetzten Bogen.
e) Das **Auslassungszeichen** steht für einen ausgefallenen Selbstlaut.
f) Der **Verbindungsbogen** bezeichnet die Zusammengehörigkeit von getrennt geschriebenen Wörtern oder von Aneinanderreihungen.
g) Ein **untergesetzter halbstufiger Strich** hebt die Bedeutung der Kürzel auf.

Abkürzungen

Die üblichen Abkürzungen dürfen in der Kurzschrift übertragen werden, es sei denn, Kürzel wären zweckmäßiger. Folgendes ist zu beachten:

a) Der Punkt hinter den Abkürzungen in der Langschrift fällt weg (Monatsnamen).
b) Es werden für die Abkürzungen Kürzel verwendet, wenn es hierfür ein Kürzel gibt.
c) An die sprachliche Gliederung braucht man sich nicht zu halten.

Es gibt Abkürzungen, die aus Mitlauten bestehen und Abkürzungen mit Selbstlauten. Kurzwörter werden nach der Aussprache geschrieben.

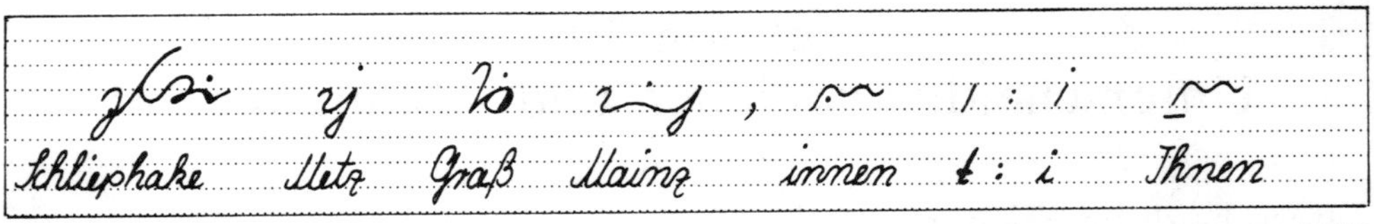

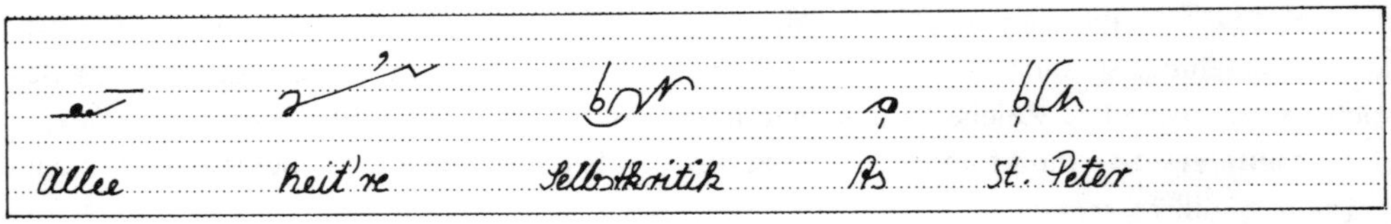

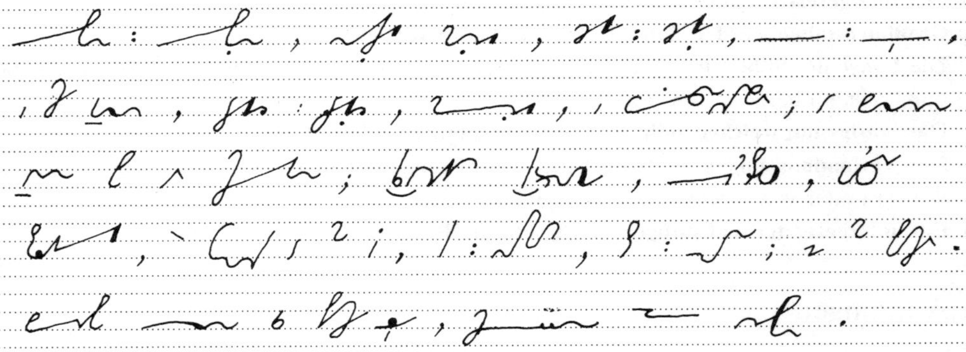

Abkürzungen

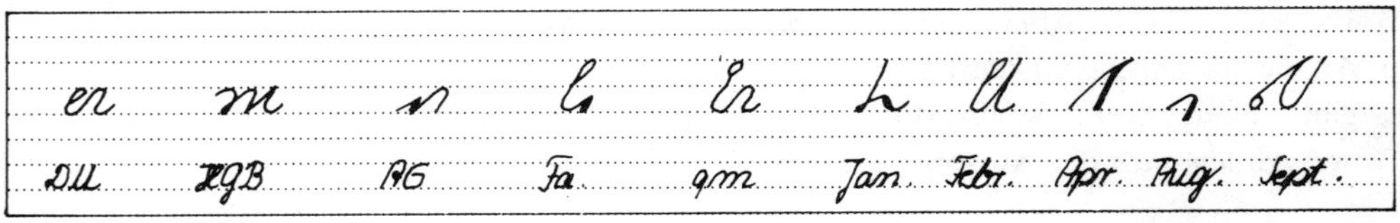

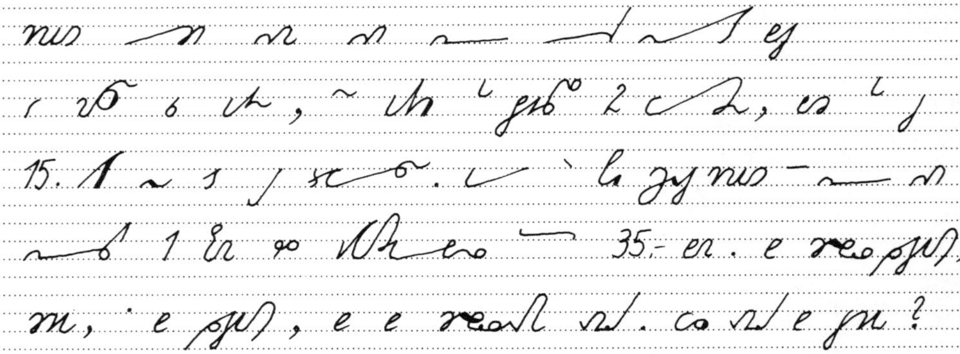

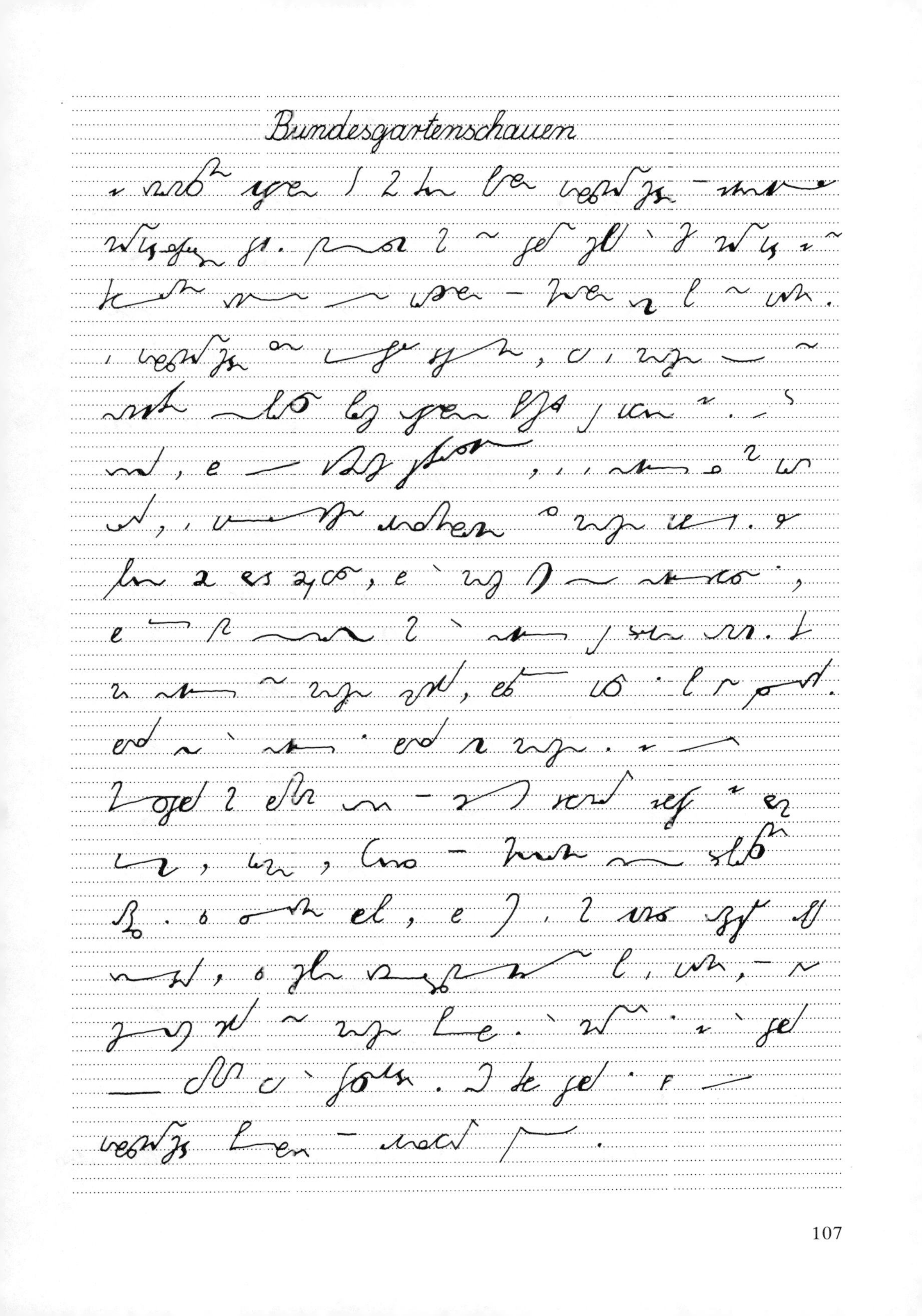

Bundesgartenschauen

Legislative, Exekutive, Rechtsprechung

Der Geschäftsbrief A4

Rundschreiben an Außendienstmitarbeiter

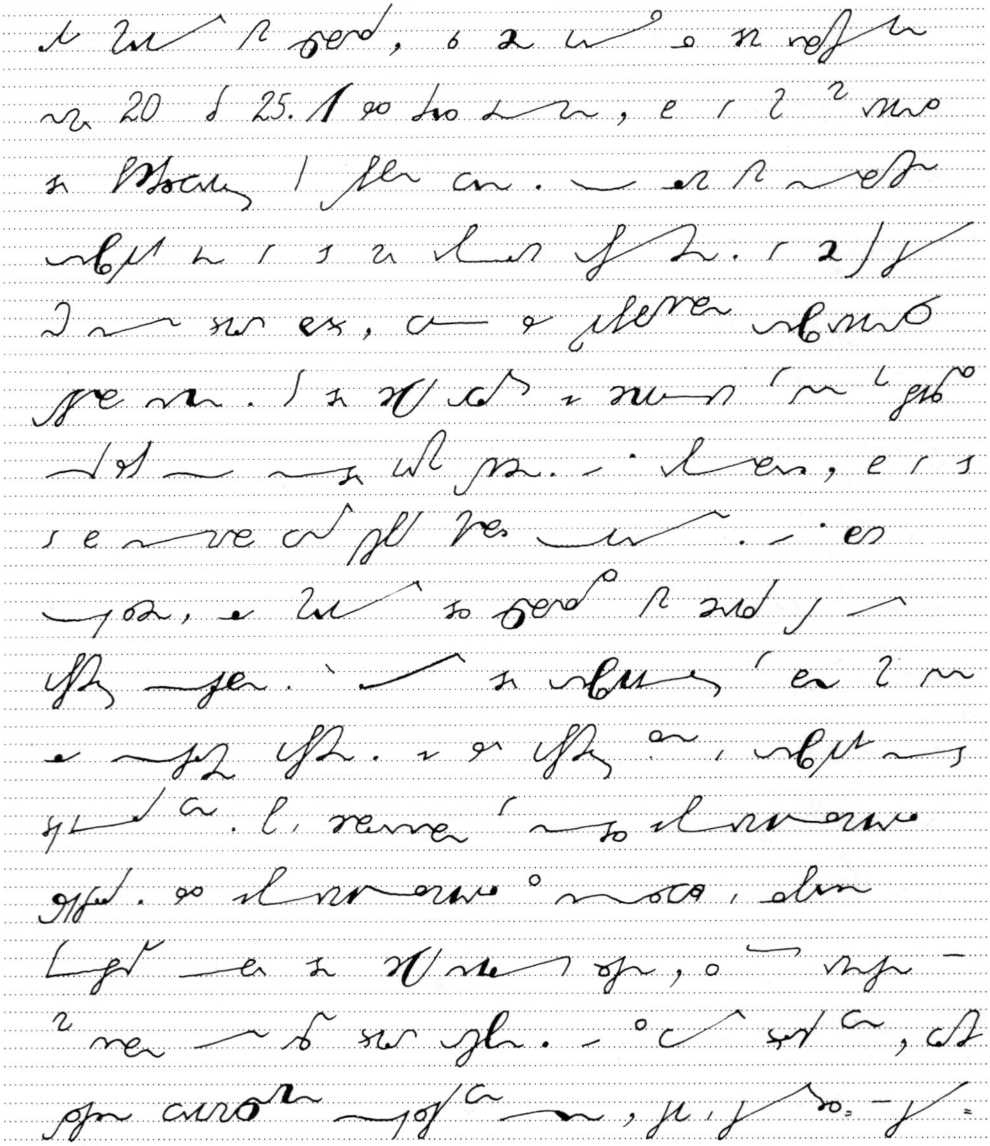

Vom Stenoheft zum Stenoblock

Übertragen Sie den Text ins Stenoheft, und machen Sie anschließend die Fehlerkontrolle. Dann schreiben Sie jede Zeile 2mal exakt auf den Block. Achten Sie auf die Schriftgröße und -lage. Unterscheiden Sie enge und weite Verbindungen genau. Schreiben Sie fließend, aber exakt. Wann immer Sie die Möglichkeit haben, notieren und entwerfen Sie mit der Stenografie:

Unsere Ausbildungsleiter treffen sich heute zu einer Arbeitssitzung. (20)

Von besonderer Wichtigkeit ist die Bereitschaft zur Annahme von Kritik. (20)

Auf dem Waldweg konnte der Reiter dem Hindernis noch rechtzeitig ausweichen. (20)

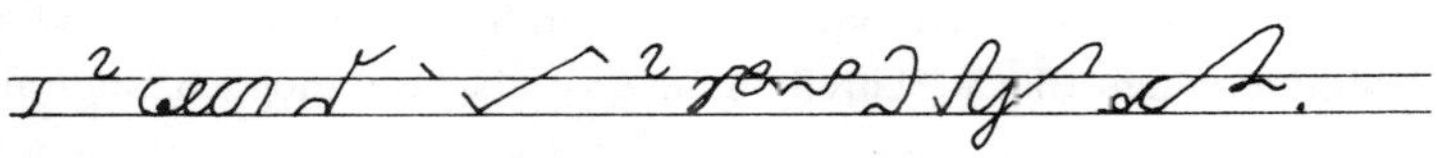

Wissenschaftliche Expeditionen untersuchten die Katastrophe. (20)

Das neue Geschichtsbuch eignet sich als ideales Geschenk für jung und alt. (20)

Wir danken Ihnen für das Interesse an unserem Ansichtsexemplar. (20)

Auf Ihrem Auszug steht leider noch der genannte Betrag zur Zahlung aus. (19)

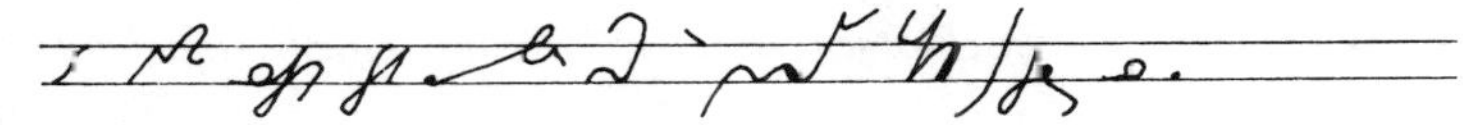

Der beiliegende Kontoauszug weist leider den genannten Fehlbetrag auf. (20)

Die Zahlung wurde Ihnen in diesem Falle automatisch gutgeschrieben. (20)

Fachleute prüfen alle technischen und wissenschaftlichen Darstellungen. (20)

Schnellschreibtraining

Zunächst lesen Sie jeden Satz. Dann üben Sie ihn einmal vor und schreiben ihn anschließend 1 Minute in den Block. Schreiben Sie so sauber wie möglich, aber auch so schnell wie möglich. Wenn Sie mit der gesamten Übung fertig sind, beginnen Sie wieder von vorne und schreiben jeden Satz 2 Minuten (3 Minuten, 4 Minuten).

1. *Lassen Sie sich unverbindlich unseren Spezialkatalog zusenden.*

2. *Seit Jahren bedienen wir unsere anspruchsvollen Kunden mit guter Qualität.*

3. *Wir beauftragen Sie hiermit mit den Vorbereitungen für eine Ausstellung.*

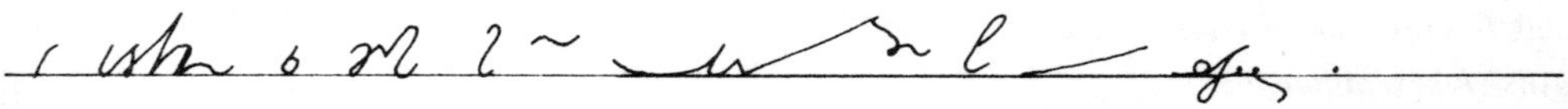

4. *Wir haben uns entschlossen, unsere Vertretung einem Mitarbeiter zu übertragen.*

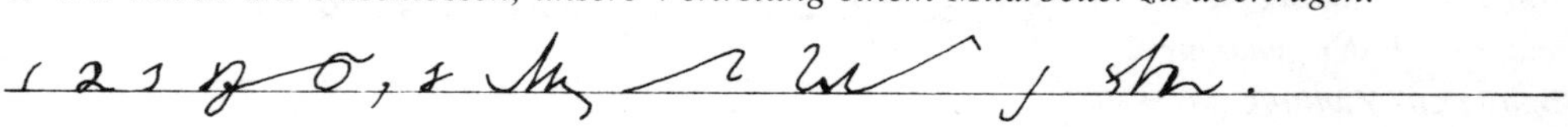

5. *Der Katalog soll Ihnen einen Überblick über unseren Service geben.*

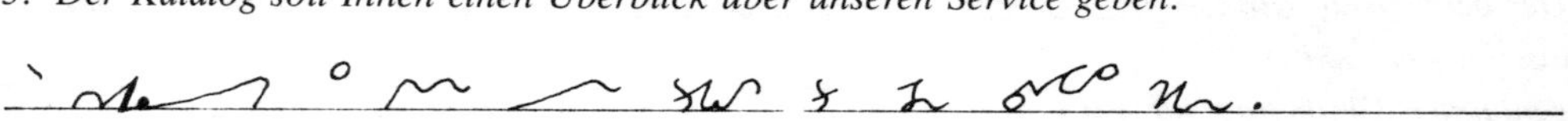

6. *Für weitere Auskünfte und Sonderwünsche stehen wir Ihnen zur Verfügung.*

7. *Unsere Garantie ist der beste Beweis für die ausgezeichnete Güte der Ware.*

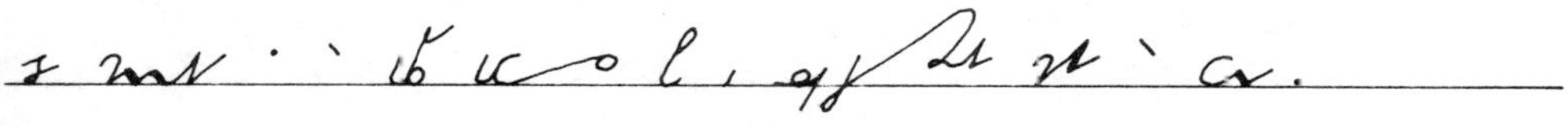

8. *Wir bieten Ihnen erlesene Modelle und ausgesuchte Neuheiten.*

9. *Wir erfüllen Ihren Kreditwunsch sofort und ohne Formalitäten.*

10. *Nutzen Sie die Kurzschrift Tag für Tag, wo immer dies möglich ist.*

Vorbildschrift

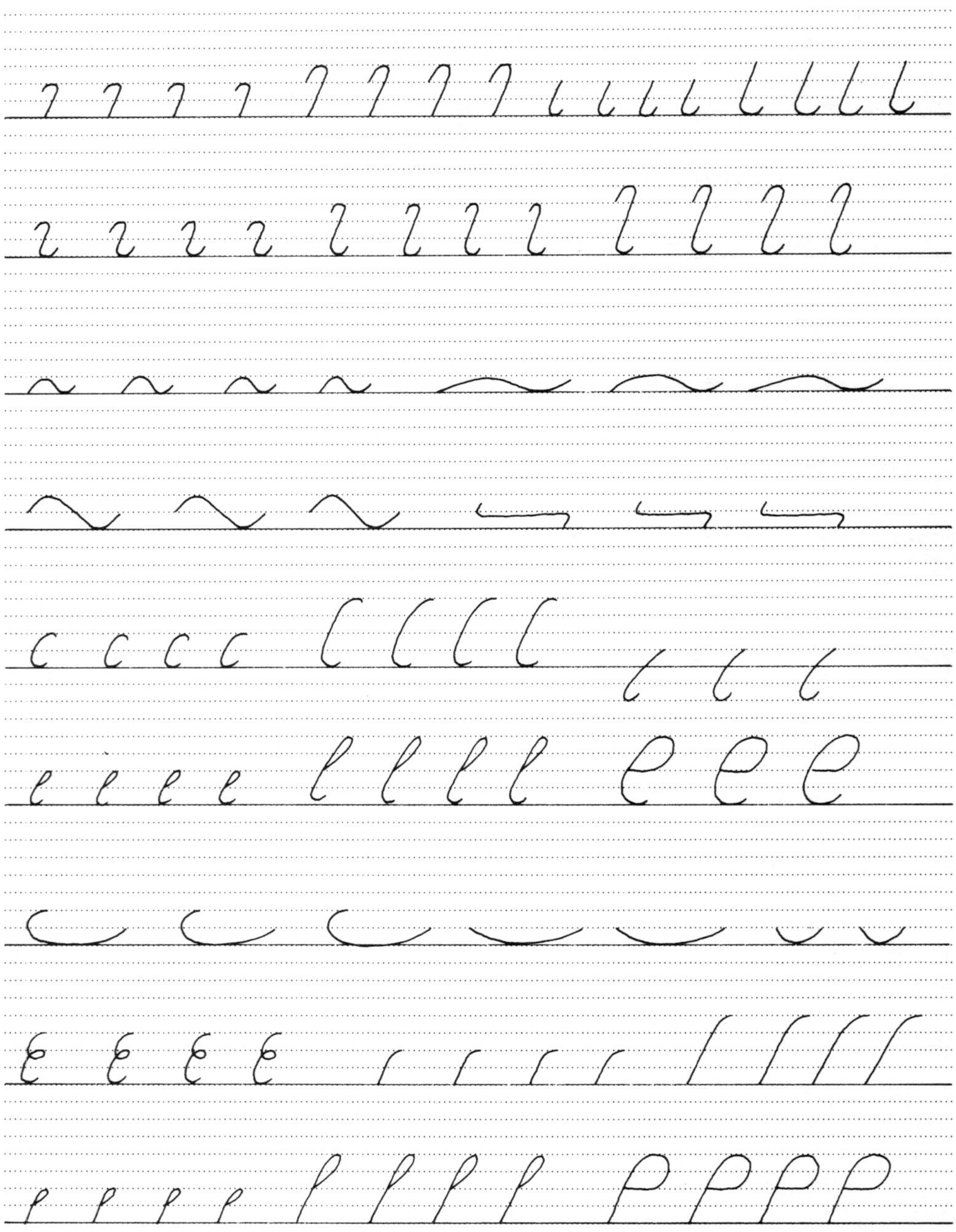

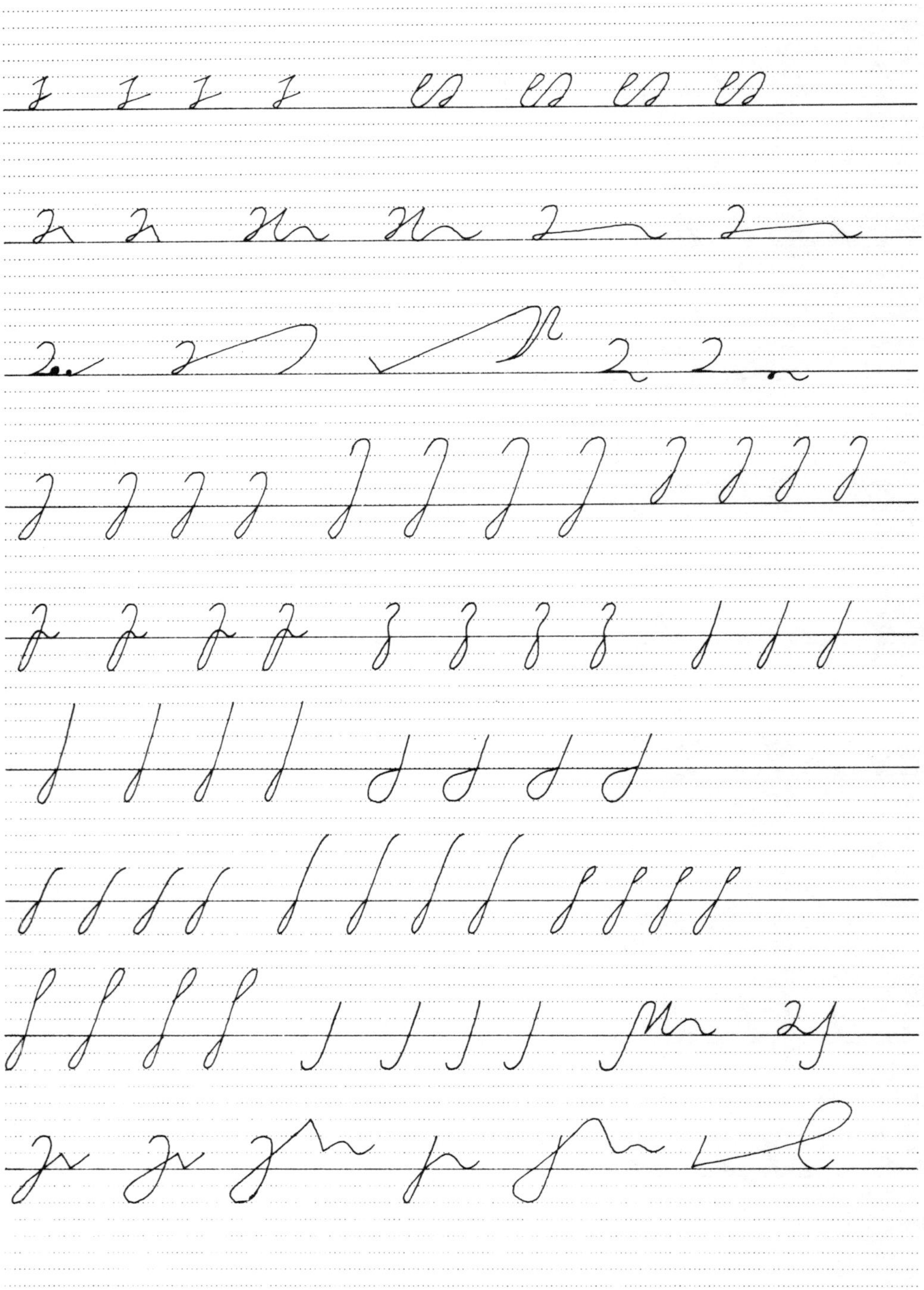

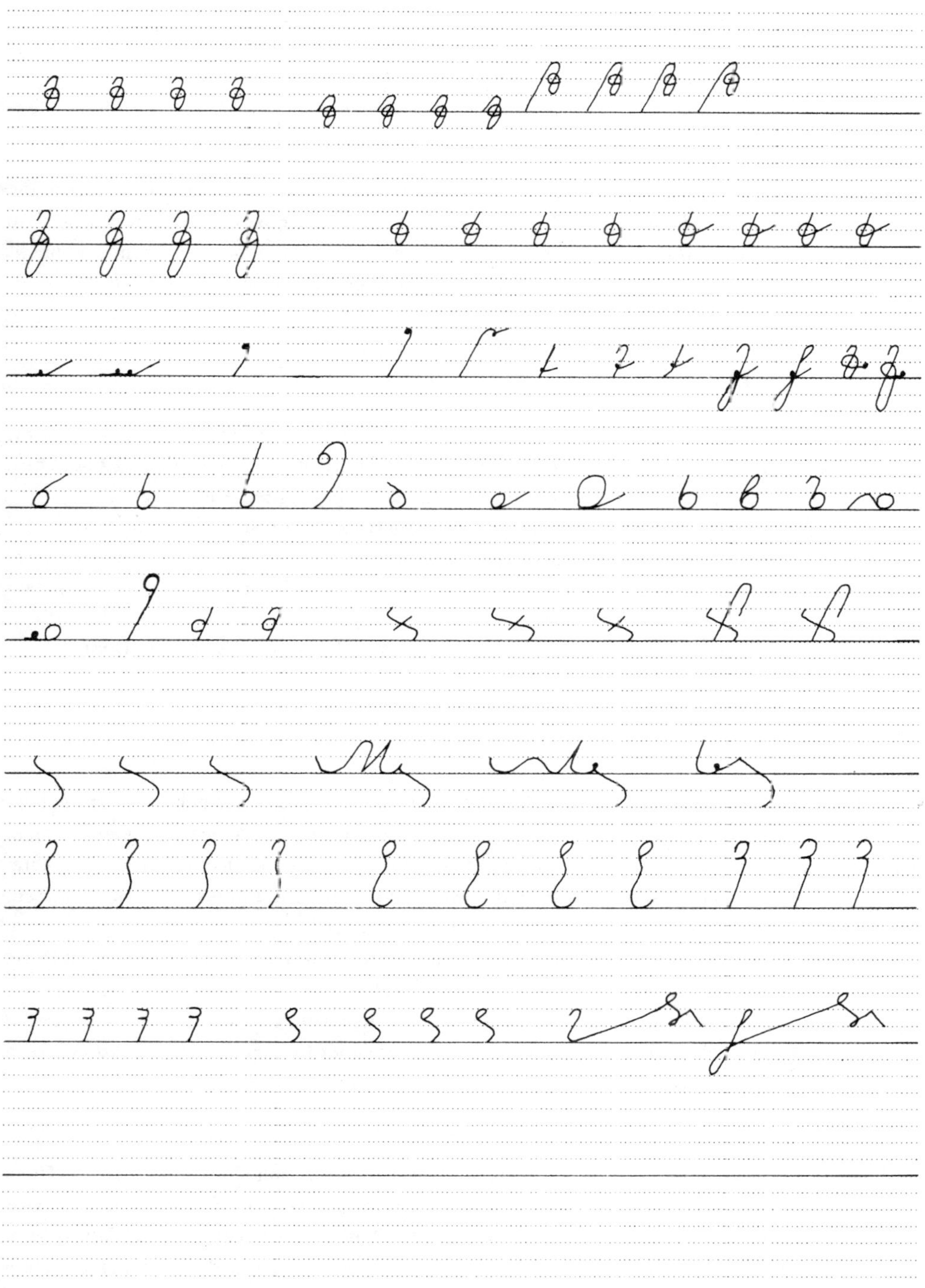

Übertragung der kurzschriftlichen Texte

Lektion 1

Seite 9

meckern, Bock, toben, Torbogen, Knoten, der rote Mohn, Tote, Meer, keck, Rock, geben, die Boote, die Beete, bemerken, gegen Rom, ocker, Kokon, Ecke, Erker, Kern, merke es, dem Geber, Beton, Boten, Motte, Motto, Regen, es regnet, begonnen, beben, ergeben, erkennen, necken, kehren, Retter, Netto, mehrere Meter, er hatte es bekommen, die Ketten der roten Boote, gegen Morgen kommen die Retter, Benno hatte den Bohrer bekommen, mehrere Boote erkennen.

Seite 10

Bett, geht, Met, nett, Tee, bete, rette, mehrere, merke, nette, bekommen, Boot, Gott, Motor, Not, rot, Rom, Bonn, Boote, Gote, Motte, Note, rote Beete, Roboter, Eber, Eger, Ebbe, Otto, Otter, Ober, Ohr, ocker, netto, nehmen, benehmen, Knoten, Gegner, Kern : kehren.
Die Motte, die Goten, die roten Boote, die Mohren, die Bohrer, der Retter, der rote Mohn, der Rock, der Tor, der Tee, es geht, er hatte es, gebe es Gott, morgen regnet es, es kommen mehrere Boote, kommet und nehmet die Beeren, geben und nehmen, den Negern, Nero und Otto, neben den Bergen, es geht, erkennen : rennen, er betet : erbeten, recken : rennen, dem Boten geben, neben dem Tor, dem Mohren, mehrere Meter, bekommen Egon und Benno die Boote?

Lektion 2

Seite 13

Dom, Dogge, modern, derb, Dotter, Eder, Oder, Hecke, Hocker, Ehe, heben, Horn, gehen, weben, Wogen, Werner, weder, werken, Rede, Rad, war, warm, man, Wagen, Araber, Damen, Marokko, Acker, anecken, Abgabe, mögen, Nöte, Böhmen, Körbe, Römer, Ökonom, Öre, Hammer, Agathe, Knabe, Radar, Nato, Arno, Motorrad, Bamberg, Baracke, Daten, Tomaten, Bananen, Arm, gar, Mark, nebenan, abgeben, Backen, Anekdoten.
Werner und Dagmar werden morgen den Wohnwagen erwerben. Die Damen wohnen am Berg. Hermann und Renate werden die Tomaten hergeben. Woher hatte er es? Das Motorrad möge der Knabe bekommen. Wo hatte der Bewohner den Wagen? Kann er es haben? Den Rabatt werden Margot und Agathe am Montag bekommen. Gernot hatte aber Bedenken. Die Anekdoten gern hören. Es werden mehrere Wagen kommen. So kann man es abgeben.

Übungen, Seite 14

Das Haar der Damen ist modern. War das Wetter warm? Kann er den Hocker heben? Das Horn und der Dorn. Der Mann geht am Arm der Dame. Hermann hatte so und so Bedenken, daß Renate und Werner die Anekdoten kennen werden. Die Rehe kommen gern an den Wohnwagen. Es war die Rede, ob die Bewohner die Hecken mögen. Die Bamberger und die Amberger haben das Rennen begonnen. Werner und die Knaben waren am Dom. Am Dock war es warm. Er möge den modernen Hocker hergeben. Die Hörner der Böcke. Bodo und Otmar mögen gern Tomaten. Die Röcke der Gören wehen. Die Meraner und die Marokkaner. Wo waren die Doggen am Morgen? Die Amateure hatten Noten bekommen. Die armen Knaben.

Lektion 3

Seite 17

ein : ohne, Beine : Bohne, Weine : Wonne, ein, mein, dein, kein, rein, nein, weinen, Heiner, ein Bein, die Einwohner, Einkommen, die Uhr, die Natur, die Kur, das Uhrwerk, Urheber, Hamburg, an der Burg, Wurm, an der Ruhr, Uran.

Ich gehe morgen in Kur. Kann man die Turmuhr hören? Das Uranbergwerk ist an der Ruhr. Woher ist der reine Wein? Vorher war er in Hamburg. Ich vergebe es den Knaben. Sind Urban und Heiner in Marburg? Das Uhrwerk in der Turmuhr ist vernehmbar. Ich gehe bis an den Wagen. Nur Urban hat den Wagen erworben. Die Damen waren mehrere Tage in Hamburg. Wer geht in den Verein?

Übungen, Seite 18

Wegen dem Regenwetter verderben die Reben. Ich kann nur bis vorn gehen. Nur Urban bekam die Kur. Das Kurbad ist nebenan. Der Mann ist vor dem Tor der Burg. Nur in Norwegen werde ich wohnen. Die reinen Weine. Die Weinreben am Weinberg. Ich gehe in Kur. Komme herein. Der vordere Hocker ist vergeben. Am Montag werden Urban und Artur am Reck turnen. Die Einnahmen sind annehmbar. Ich höre die Uhr. Ich werde in das Kurbad gehen. Der Verkehr in Rotterdam ist rege. Die Vereine »Retter der Natur« sind nur in Bonn und Hamburg. Die Turmuhren werden in dem Marburger Werk, Weber und Wagner, erworben. Der Urheber war Hermann Wegener. Der Wurm hat die Tomaten verdorben. Die Gurken sind in den Beeten. Die Wagen sind in den Garagen. Ich gebe Urban 4 Mark. Werden Urban und Gernot den Wein bis morgen bekommen? Wencke hatte die Uhr in dem Werk erworben. Die Turmuhr an der Bahn. Die Berge sind Werke der Natur.

Lektion 4

Seite 23

Wache, Woche, Bach, Becher, rechnen, Rache, Rechen, nachgeben, Köche, Vetter, Vater, Veto, Nerven, Hannover, Kurven, Jahr, jeder, Jod, Jade, jammern, Koje, jagen, jedem, Jochen, Mut, gut, tut, Rute, Mutter, Ruder, Hut, Wut, Buch; tun, Huhn, Ruck, Haut, baut, Rauch; Uwe, Auto, Ute, Udo, Automat; umgeben, Umkehr, Umweg; Chor = Chor, Carmen = Carmen, Amateur.
Jochen, komme vom Dach herunter. Mutter und Vater gehen den Bergweg herunter. Unter dem Regendach. Von Hamburg nach Hannover. Das Jahr war gut. Er hat sich beworben. Die Jäger jagen das Reh. Carmen kann die Aufgaben gut rechnen. Der Reeder in Hannover kann nun den Rabatt geben. Habe nur Mut. Der Umweg war von Nöten. Vom Weg abkommen. Entweder, oder! Noch war Anton gegen das Vorhaben. Das Rauchen ist verboten. In jeder Koje sind 2 Betten. Das Buch ist gut. Der Koch hat die Butter entnommen. Kaum war ich in Hamburg, waren Vater und Mutter von den Knaben umgeben.

Wiederholung I, Seite 24

Die Unternehmer hatten das Rauchen in dem Raum verboten. Die hohen Wogen auf dem Meer. Das Honorar hat er bekommen. Jeden Tag geht er auf den Berg. Die Jagd auf die Rehe hat begonnen. Das Auto auf der Autobahn. Ich werde es den Knaben vergeben. Nunmehr kann auch er herkommen. Der Rauch kam vom Dach herunter. Das kann vorkommen. Das war ein Rennen. Warum kann nur Dagmar die Rechenaufgaben?

Die Knaben werden den Rat von dem Berater annehmen. Kann man den Weg neben der Autobahn gehen? Die Damen haben nur Tomaten und Gurken bekommen. Die Kammer ist unter dem Dach. Die guten Nerven der Mutter. Jeden Tag gehen die Knaben baden. Das Boot auf dem Meer geht unter. Die Reben ranken sich um den Baum. Beethoven war ein humaner Mann. Der Torero nahm den Degen. Ein Moorbad tut jedem gut. Wenn es regnet, verderben die Beeren an den Reben. Wer kann es den Knaben verwehren? Baden verboten.

Wiederholung II, Seite 25

Der Amateurruderer war gut. Vorher werden sich Dagmar und Udo nach Norwegen begeben. Jochen geht nur noch um die Ecke. Vom Autor hat er das Buch »Der gute Wein« bekommen. Die Inhaber vom Werk Rotenburg werden am Montag kommen. Nur gut, daß er so gut rechnen kann. Wenn ich kann, werde ich nach Bonn kommen.

Nach den Angaben der Mutter ist er in Jever. Die Bojen auf dem Meer kann man gut erkennen. Die Ureinwohner von Norwegen. Egon war ein Weinkenner. Ich wohne in Rotenburg am Bergweg. Das moderne Auto kam am Montag an. Wogegen hatte der Unternehmer Bedenken? Das ist gegen die Norm. Ute und Anton mögen gern Bananen und Tomaten. Ich kenne den Redner gut. Der Unternehmer hatte sich verrechnet. Bis Montag kann er das Buch entbehren. Er kann jeden Monat kommen. Die Damen Berger und Waganer wohnen in Bern. Er ist gern in den Bergen.

Lektion 5

Seite 29

Die Jäger vom Nachbardorf jagen das Reh! Das ist doch verboten! Kann man auch am Hafen einkaufen gehen. Das Bergdorf ist die Heimat von Irene. Die Affen im Tierpark mögen gern Tomaten.

Seite 30

Fahne, Feder, Futter, Ofen, Ufer, Affe; Peter, Pater, Pute, Park, Pore, Oper, knapp, Puppe, purpur, Tapeten; Pfote, Pferch, Opfer, tapfer, Töpfer, Köpfe; Recht, echt, Nacht, Wacht, Pacht, Wucht, raucht, Furcht; Beere : Biere, wiegen, dienen, wippen, wichtig, wuchtig, rauchig, richtig; Riegen : reigen, riefen : reifen, Weide, Heide; Tier : ihr, ihn, ihnen (innen), ihrem immer; eigen, Eifer, Eid, Eimer; nie, wie, bei, Reederei, Papagei; das Ei, dabei, herbei.

Für und Wider. Am warmen Ofen kann man gut ruhen. Die Fahne der Amerikaner weht knapp unter dem Bug. Der Ruf der Mädchen war enorm gut. Peter war der Pate von Iwan. Das Auto fuhr mit Wucht gegen die Fahne. Peter kann doch mit dem Auto in die Oper fahren. Die Tapeten sind für den Raum richtig. Ute und Uwe kommen noch vor Mitternacht heim. Der Bericht von dem Kurheim ist für mich wichtig. Informiere Erich von dem Vorhaben. Morgen möchte Karajan den Chor dirigieren. Margot hatte in der Nacht im Park Furcht. Kann man auf dem Uferweg fahren?

Lektion 6

Seite 33

leer, Leder, Lage, liegen, malen, melden, Geld, verlegen, Regel, Mehl, Mittel, Hebel; Fell, Fall, Ballen, fallen, Halle, Welle, bellen; fiel, Kiel, Nil, Hilfe, Bilder, Wild, Hülle, billig, Till; Iller, Kuhle, Mull, Bulle, Ulm, faul, Maul; Herr, korrigieren, Iren : irren, knurren, verwirren, knarren, klirren; reichen : erreichen, errichten, errechnen, erraten, erregen, erröten, Horror, Terror, Wirrwarr, knorrig, irrig.

Alle wollen billig in Urlaub fliegen. An den Ufern von Iller und Lech. Das ist ein herrlicher Wald. Die Jäger hegen und pflegen das Wild in Wald und Flur. Das Unternehmen kann die Lederwaren leider nur von Kiel bis Ulm liefern. Ihr Dank an die Retter für die Hilfe war erbärmlich. Die beiden Knaben irren im Wald umher. Die Bullen sind auf der Weide. Wolf und Till erinnern die Mutter an das verlorene Geld. Er kann am Montag von Berlin nach Köln liefern. Er kann sich hierwegen mit den Teilnehmern beraten. Der Nachtflug verlief ruhig. Hole bitte in der Apotheke die Pillen ab. Pauline kann die Aufgaben völlig allein erledigen.

Trainingssätze, Seite 34

Margarete und Ute denken in der Kur nur noch an Ruhe. Nun gehen Hermann und Otto an das Werk und machen den Anker an das Boot. Ottern und Nattern mögen gern das warme Moor. Wer von den Knaben mag gern am Montag am Reck turnen? Ich nehme an, daß Anton die Rechenaufgaben gut rechnen kann. Mein Vater und mein Vetter Jakob haben das Unternehmen erworben. Helmut und Hilde werden ab morgen ihr Eigenheim am Rheinufer bewohnen. Rudolf kann den Entwurf für die Bilder so bald wie möglich liefern. Die Einfuhr von Alkohol ohne Zoll ist verboten. Jahr für Jahr entfernen immer mehr Unternehmen die Wälder für das Papier. Alle wollen sich an dem Turnier in Bad Homburg beteiligen. Die Verleger der Lern- und Lehrbücher wohnen in Oldenburg. Von dem Dichter kam nur gute Literatur. Papier ist täglich in allen Bereichen nötig, daher nehmen die Wälder immer mehr ab. Doch leben ohne Wald ist kaum möglich, denn alle benötigen den Wald. Vor allem kommen hier Nadelwälder und Laubwälder vor. Mit dem Auto kann man auf dem Uferweg bis nach Köln fahren. Ulrike und Ulrich wollen im Urlaub an das Meer fahren.

Lektion 7

Seite 37

Anfang, Gang, Wange, Dinge, Finger, Lunge, Hunger, Gong, Abend, Hand, Wand, Winde, Wunde, kommend, helfend, Gegend, Handel, Herde, Pferde, Norden, Behörde, Erde, irden, Orden : Kurden, England, Holland, Finnland, minderjährig, bindend, Kinder, Rand; Anfang : Anfänger, Gang : Gänge, Hand : Hände.

a) gäbe, wäre, käme; b) Vetter : Väter, Ehre : Ähre; c) Kapitän, Rarität, Moräne.
Tür, rühren, lügen, füllen, Bücher, Hürden, Küche, Übel, üppig; länger, Händler, Eingänge, Hänge.
Das Windhundrennen ist morgen wieder in Kiel. Der Vogelkundler berichtet von den Erfolgen. Viele flinke Hände banden die Girlanden, die nun auf dem Balkon hängen. Wenn das so wäre, hätte er doch recht. Bisher hatte der Unternehmer nur Ärger. Edle Pferde kamen vom hohen Norden.

Lektion 8

Seite 40

Saal, Saale, Seele, sehr, senke, Rosen, Rasen, Dosis, Iris, Sorgen, versenken, versunken, versinken, Segen, sagen, siegen, suchen, Rasur, Reise, Weise, Wiese, Muse, Musik, Haus, Esel, Asbach, Eis, Oslo, Usus; Faß, Baß, Kasse, besser, Fluß, flüssig, heiß, fleißig, Essig, bißchen, Küßchen; Personen, Börse, Verse; ersehen, ersuchen, ersinnen: Ursache.
Sie müssen also der Sache nachgehen. Die Kinder machen immer noch sehr viele Lesefehler, so daß die Lehrerin sie laufend verbessern muß. Sie passen im Unterricht wenig auf und machen indessen mehrere Fehler. Was kann man tun? Die Kinder müssen auch daheim das Lesen üben. Die Mutter muß aufpassen, daß das Kind die Hausaufgaben macht und muß auch einmal dabei helfen. Die Kinder müssen auch das Rechnen üben. Sie haben manchmal wenig Interesse am Lernen, das man natürlich wecken muß. Man muß sie eben richtig fordern und fördern. Das alles geht aber nur mit viel Liebe.

Kindergeld, Seite 41

Egal, welches Einkommen die Bundesbürger haben, für ihre Kinder bekommen sie monatlich Kindergeld. Sie bekommen für das 1. Kind monatlich 50 DM, für das 2. Kind 80 DM, für das 3. und jedes folgende Kind 150 DM. Ausländer bekommen für ihre hier in der Bundesrepublik lebenden Kinder auch Kindergeld. Bis die Kinder 18 Jahre, also volljährig sind, bekommen Mutter oder Vater das Kindergeld. Ist die Tochter oder der Sohn noch in der Lehre, kann das Kindergeld noch bis 27 Jahre vergütet werden, in Ausnahmefällen sogar noch länger.
Heute kann jeder Jugendliche ohne Geldsorgen den Beruf erlernen, den er mag. Aber die Lehre ist mit Geld verbunden. Die Jugendlichen verdienen während ihrer Lehre wenig Geld, und Mutter und Vater müssen noch helfen. Doch auch hier helfen der Bund und die Länder. Jugendliche bekommen daher in Ausnahmefällen Beihilfe während ihrer Lehre. Die Beihilfe richtet sich nach dem Einkommen des Vaters oder der Mutter. Erkundigen Sie sich bei Ihrer Behörde.

Lektion 9

Seite 44

Heft, wohnt, Wort, dort, verdammt, kennt, weint, Halt, Halter, estern, Post, erhalten, bekannt, interessant, eigentlich, bekanntlich, hoffentlich, vermißt, bewußt, wollten, meisten, Meister, Rest, Kost, im Osten und im Westen; Wurst, Durst; verfügt, begnügt, Furt, knurrt, Punkt, Vernunft, rasten, wer rastet der rostet, die Last.

Viele Personen helfen selbstlos. Wenn Sie nicht fleißig weiter arbeiten, werden Sie nicht pünktlich liefern. In Wirklichkeit ist die Öffentlichkeit immer dabei. Die Wachsamkeit des Hundes. Seit vielen Jahren liefern Sie Ihre Waren pünktlich. Sie wissen selbst, was Sie leisten. Altersruhegeld nennt man auch Rente. Wenn Sie liefern, achten Sie auch auf die Kleinigkeiten. Sein Mitarbeiter holte gestern die beiden Kisten. Auch beim Lernen ist Planmäßigkeit notwendig. Der Inhaber selbst hat das Wohnheim in Dortmund vermietet. Vorgestern erhielten Sie einige Bücher, die Ihr Hauptreferent lesen müßte. Viele leiden seit Jahren bittere Not.

Lernen am Abend . . ., Seite 45

Das kann mancher als Ulk auffassen, wenn man sich den lieben langen Tag plagen muß, ist Lernen am Abend sehr mühevoll. Nun, so wörtlich darf man die Sache nicht nehmen. Natürlich ist man am Abend müde. Aber Sie werden an Ihr noch vor Ihnen liegendes berufliches Leben denken. In abendlichen Kursen kann man sich weiterbilden. Kümmern Sie sich um Ihr Wissen, denn mehr lernen heißt mehr wissen, mehr wissen heißt mehr verdienen. In 3- bis 4jährigen Kursen kann man sich auf das Abitur vorbereiten. Für die Aufnahme gelten in jedem Bundesland abweichende Möglichkeiten. Für die Teilnahme ist ein Mindestalter von 18 Jahren erforderlich. Wer sich hierfür interessiert, wende sich an die jeweilige Behörde im jeweiligen Bundesland.

Kürzelbeispiele, Seite 45

Für nichts und wieder nichts. Das ist nichts für Dich : mitnichten, vernichten. Er ist sehr selbstbewußt. Die Nonnen sorgen selbstlos für die Waisenkinder. Ihre Einigkeit bietet die Möglichkeit für bessere Mitarbeit. Jeder ist sich selbst der Nächste.

Lektion 10

Seite 47

Laut : läuten, Räume, Käufer, Häuser, verkäuflich, vorläufig, Mut : Meute, leuchten, beugen, bedeutet, erneut, feucht, Leute; artig, fertig, dortig, heftig, endgültig, duftig, bewältigen, bewältigte; beseitigen, gegenseitig, seither, seitdem, seitlich; vorbeugen ist besser als heilen.
Bitte erledigen Sie noch heute, bevor Sie morgen in Urlaub fahren, den Verkauf der Tierhäute. Vielleicht ist es doch noch möglich. daß die Bank die Gelder bewilligt. Seid immer bereit und erledigt eure Aufgaben umsichtig. Mit gegenseitiger Hilfe könnte man die Not und den Hunger in der Welt lindern. Sie ist Eigentümerin der Bücher. Die gegenwärtige Lage ist nicht gut. Er hätte es in entgegenkommender Weise tun können. Könnten die Kinder nicht etwas ruhiger sein? Ich werde den Eigentümer selbst informieren. Die Entdecker hatten die Höhle selbst vermessen. Ich werde es ihm eindeutig sagen, daß sein Verhalten nicht richtig war.

Wiederholung, Seite 48

Üben Sie jeden Tag, nur so können Sie eine hohe Fertigkeit erreichen. Vielleicht werden Sie eine bessere Möglichkeit nicht mehr finden. Konnten Sie Ihre Kenntnisse und Fertigkeiten seit vergangenen Monat verbessern? Das Reisebüro gab mir für die Abreise den endgültigen Termin bekannt. Nach dem geltenden Recht darf er nicht verurteilt werden. Bitte senden Sie mir von den vorhandenen Sorten je ein Muster. Mit Hilfe des ausführlichen Möbelkataloges können Sie sich wohnlich einrichten. Der Fahrer kann weiter fahren, wenn der Defekt am Auto behoben ist. Für den Verkauf Ihrer Leuchten suchen Sie eine tüchtige Verkäuferin. Das Wetteramt in Offenbach konnte für die nächsten Tage gutes Wetter vorhersagen. Die Königin von England nahm die Parade auf dem Pferd ab. Am vergangenen Sonntag war in der hiesigen Turnhalle ein Turnfest.

Lektion 11

Seite 49

in einer Nacht, einen Mann, eines Kindes, mit einem Wort, an meiner Seite, meinen Willen, meines Buches, mit meinem Geld, von deiner Mutter, deinen Vater, gehe deines Weges, in deinem Haus, in keiner Weise, auf keinen Fall, keines von beiden, mit keinem Wort, von seiner Art, mit seinen Eltern, seines Alters, mit seinem Willen.
Die Ausbilder im Unternehmen nehmen eine sehr wichtige Aufgabe wahr. Sie bilden die Lehrlinge neben dem Unterricht auch im Unternehmen vor Ort aus. Seine in langjähriger beruflicher Arbeit erworbenen Kenntnisse und Fertigkeiten gibt der Ausbilder an seine Lehrlinge weiter.

Seite 50

ein : eine Minute, einen Tag, in einem Werk, auf einer Reise, eines Tages; dein : deine Tätigkeit, deinen Plan, mit deinem Lied, unter deiner Würde, deines Buches; kein : keine Liebe, keinen Weg, in keinem Land, in keiner Weise, keines von beiden; mein : meine Sache, meinen Wald, mit meinem Geld, meiner Mutter, meines Hauses; sein : seine Uhr, gegen seinen Rat, seinem Sohn, wegen seiner Bitte, seines Vaters.
In der vergangenen Woche war in der hiesigen Turnhalle ein Handballfest für behinderte Jugendliche. Behinderte Jugendliche aus vielen Ländern nahmen an dem Turnier teil. Sie waren alle voller Energie und begeistert dabei. Ihr Verhalten war fair, obwohl es um einen Meistertitel ging. Keiner wollte aufgeben. Es gab viele gute Tormöglichkeiten. Viele konnten ihren Wurf in ein Tor verwandeln. Der Verein aus der Bundesrepublik war Sieger mit 18:16 Toren. Die Sieger erhielten den begehrten Wanderpokal. Alle Anwesenden waren sich einig, daß es hier keine Verlierer, jedoch nur Sieger gab. Pferderennen auf dem Wattenmeer. Vorgestern fand auf dem Wattenmeer ein Pferderennen seinen Anfang. Am ersten Tag war das Wagenfahren. Gestern waren viele Jugendliche mit ihren Pferden am Lauf beteiligt.

Lektion 12

Seite 54

Zahlen, zeigen, Zug, Ziege; Schatz, schützen, Schutz; Schere, Scheck, Schuh, Stelle, Stiel, steil, Stuhl, Steg, steigen, Storch, abstehen, vorstellen, Speck, Spuk, Spur, Spitze, Espe, Wespe, Beispiel, Spaß, wispern, Zweig, Zwang, zweiter, Zweifel, bezwecken, bezwingen, zwicken, Zwerg, Schwach, schwer, Schwung, beschwingt, Schwur, schwenken, schwirren.
Zwischen den Blättern und Zweigen machen die Vögel ihre Nester. Mädchen und Jungen schwärmen für den Popsänger aus England. Die Störche ziehen jedes Jahr in den Süden. Viele

Deutsche fahren in die Schweiz in Urlaub. Der Vorstand vom Tennisverein will auch den Reitverein zum Fest einladen. Manche möchten rasch zum Ziel kommen. Schon im Vorlauf hatten die deutschen Läufer hervorragende Zeiten erreicht. Inzwischen hatten auch die Schwimmer gute Ergebnisse erzielt. Können Sie inzwischen die wichtigen Aufgaben erledigen? Bestellen Sie in der Zwischenzeit die notwendigen Waren.

Lektion 13

Seite 58

gelegen, genommen, gewohnt, Gefahr; angeboren, aufgegeben, beigefügt; unklug, Unrat, Unmengen, Unfall, verunziert, beunruhigen, ungebeten, unangenehm, ungewiß; Zulage, zunehmen, zugeben, Zufall, Zuruf. Zubehör, aufzustellen, anzusehen; Schnee, Schneider, zuschneiden, Schnur, schnell, anschnallen, geschnitten; schmecken, Schmuck, Schmalz, Schmiere, beschmieren, schmücken, abschminken, verschmelzen; geöffnet, zueignen, geölt, gewollt, gewillt = gewillt, uneigennützig.

»Mitmenschlichkeit, Nächstenliebe, Rücksicht und Toleranz lassen sich nicht organisieren; schon gar nicht verordnen. Aber die Bundesrepublik muß davon mehr haben; im Umgang der Menschen zwischen jung und alt, zwischen gegensätzlichen Ansichten und sogar zwischen politischen Gegnern.« Das sind die letzten Sätze aus der Rede von Helmut Schmidt am 16.12. 1976 vor dem Deutschen Bundestag. Der Deutsche Bundestag besteht seit 1949. Ihm gehören derzeit 518 Abgeordnete an. Berlin stellt auch Abgeordnete, jedoch ohne Stimmrecht. Die Menschen der Bundesrepublik wählen ihre Abgeordneten alle 4 Jahre in den Bundestag.

Lektion 14

Seite 61

lebhaft, schadhaft, fabelhaft, fehlerhaft, habhaft, lebhafte Kinder, fehlerhafte Arbeiten, Einzelheit, Bosheit, Angelegenheit, Beschaffenheit, Sicherheit, Dummheit, Klugheit, Gemeinheiten, Weisheiten; Landschaft, Kundschaft, Bürgerschaft, Gemeinschaft, Mannschaft, Meisterschaft, Warnung, Beratung, Einladung, Übung, Schwingung, Wartung, Entfaltung, Zeitung, Genehmigung, Rechnungen, Abstimmungen, Meisterschaften, Gelegenheiten, Kundschafter, die deutschen Botschaften.

Übungssätze, Seite 61

Die ausländische Fußballmannschaft hatte keine Gelegenheit, den Rückstand von 2 Toren aufzuholen. Björn Borg verlor die Tennismeisterschaft gegen den Amerikaner. Die vielen Verkehrsregeln können manchen Fahrschüler verzweifeln lassen. Jeden Sonntag kommt im Fernsehen ein Film aus der Reihe »Tatort«. Der Zeitpunkt für die Abstimmung unter den Politikern ist gekommen. Beachten Sie die Warnung vor dem Hunde. Der Gesangverein bemüht sich um die Erhaltung des deutschen Liedgutes. In der Gemeinschaft lebt es sich besser. Der Anwalt des Angeklagten ist zu dem heutigen Termin doch noch rechtzeitig gekommen. Bitte bezahlen Sie Ihre Rechnung bei dem Heizöllieferanten.

Lektion 15

Seite 62

l-ung, Bestellung, Verhandlung, Abwandlung, Regelung, Bezahlung, Erholung, Verteilung, Erfüllung, Mitteilung, Kühlung, Vermittlung, Abteilung, Verzollung, Verschalung;
r-ung, Erleichterung, Markierung, Steigerung, Versicherung, Forderung, Erfahrung, Regierung, Verzierung, Nahrung, Gewährung, Vermehrung, Weigerung, Lieferung, Maserung, Verzögerung;
rr-ung, Verzierung : Verzerrung, Verwirrung, Irrungen und Wirrungen, Absperrung;
ul-ung, Umschulung, Verwirklichung.
t-heit, Beliebtheit, Buntheit, Berühmtheit, Gesamtheit, Bestimmtheit, Erregtheit, Korrektheit;
t-schaft, Bekanntschaft, Anwaltschaft, Verwandtschaft, Wirtschaft, Ortschaft, Hundertschaft, Bereitschaft.
Eine Hundertschaft der Polizei hat die Absperrung vorgenommen. Seine Korrektheit bei der Erledigung seiner Aufgaben kann man nur loben. In der Verwandtschaft genießt sie enorme Beliebtheit. Seit Jahren hat sich die wirtschaftliche Lage nicht gebessert. Seine Bereitschaft zu helfen ist immer noch vorhanden. Nach amtlicher Mitteilung will man die Anwartschaft aufrecht erhalten.

Seite 63

Verhandlung, Verwandlung, Anstellung, Bestellung, Abwicklung, Verzweiflung, Heilung, Vermittlung, Verteilung; Lieferung, Bewunderung, Versicherung, Verunsicherung, Weigerung, Forderung, Äußerung, Störung; Bezahlungen, Erweiterungen, Sendungen, Verzierung : Verzerrung, Verwirrung, Beharrung; Finanzierung, Lieferungen. Zartheit, Buntheit, Gesamtheit, Versehrtheit, Berühmtheit, Verspieltheit, Bestimmtheit, Gescheitheit; Verwandtschaft, Wirtschaft, Anwaltschaft, Bekanntschaft, Ortschaft, Bereitschaft, Hundertschaft, Gesandtschaft.
Mahnschreiben. Leider muß ich feststellen, daß Sie Ihre Rechnung vom 15. Mai immer noch nicht bezahlt haben. Ihre unpünktliche Zahlungsweise kann nicht mehr länger geduldet werden. Auch ich muß meinen Zahlungsverpflichtungen pünktlich nachkommen. Die allgemeinen Liefe-rungs- und Zahlungsbedingungen sind Ihnen bekannt. Schadhafte oder fehlerhafte Beschaffenheit der Ware haben Sie nicht gerügt, so daß die Rechnung in Ordnung geht. Ich muß Sie daher bitten, meine Rechnung bis zum 15. Juni zu bezahlen.

Übungstext, Seite 64

Sie haben bisher schon einen beachtlichen Teil des Buches kennengelernt. Eine Wiederholung der bisher gelernten Zeichen und Kürzel ist nötig, bevor Sie die weiteren Kapitel erarbeiten. Bearbeiten Sie noch die unerledigten Aufgaben, bevor Sie weitergehen. Üben Sie regelmäßig jeden Tag die Kürzel und Silbenzeichen. Sie sind wie Vokabeln auswendig zu lernen. Tägliche Übung ist geradezu unentbehrlich, nur dann werden Sie den Erfolg haben. Wenn Sie nicht üben, werden Sie keine guten Ergebnisse erzielen können. Daher muß Ihre Arbeit immer korrekt und sauber sein. Sind Sie mit Ihrer bisherigen Arbeit zufrieden? Dann können Sie weiterarbeiten. Lesen Sie so viel wie möglich und mehrere Male. Üben Sie die Beispiele, bis sie ganz geläufig sind. Arbeiten Sie sauber und zügig. Lassen Sie sich die Wörter, Beispiele, Sätze und Kürzel ansagen. Dann lesen Sie alles wieder. Es muß gut lesbar sein. Achten Sie auf Deutlichkeit, damit keine Verwechslungsgefahr gegeben ist. Wenn Sie sich an alle Anweisungen halten, werden Sie den gewünschten Erfolg haben.

Lektion 16 (I)

Seite 66

Lampe, Ampel, Tempo, Stempel, Pumpe, Wimper, Import, Wimpel, empor, Dampf, Dampfer, impfen, bekämpfen, rümpfen, Empfang, empfehlen, Wettkampf, Sümpfe, Cäsar = Cäsar, Carmen = Carmen, Celle, Cicero, Lucas, Campingplatz, Caballero, Campari, Cannstatt, Computer, Condor.

Übungen, Seite 66

Die Campingmodelle der Sommersaison hatten geschmackvolle moderne Muster. Der Empfang der Gäste aus dem Ausland war ausgezeichnet vorbereitet. Immer mehr Ampeln regeln in den Städten und Ortschaften den Verkehr. Beide Mannschaften kämpften unermüdlich und fair bis zum Ende des Turnieres. Auf der Rennbahn erreichen die Rennautos eine beachtliche Geschwindigkeit. Unter dem Gerümpel auf dem Speicher fanden sie noch mehrere Lampen und Leuchten. Die Schmerzen waren oft kaum auszuhalten. Die Modezeitung erscheint immer in geschmackvoller Aufmachung. Die erlesenen Schmuckstücke in dem Schmuckwarengeschäft ziehen viele Blicke auf sich. Der Import von ausländischen Waren birgt doch ein Risiko. Nach dem schweren Verkehrsunfall mußte die Unfallversicherung für den entstandenen Schaden aufkommen. Man hat die Verhandlung vertagt.

Lektion 16 (II)

Seite 70

Xaver, Text, Examen, Max, taxieren, Luxus, Export, Mexico, Lexikon, quer, Quelle, Quittung, quittieren, Qualität, Aquarell, Qual, bequem, erquicken; Zypern = Zypern, Whisky = Whisky, York = York, Bayern, Mayer, Lyrik, Lyon; Speyer, Meyer, Cuxhaven.
Die Verhandlungen mit dem Exportunternehmen gingen hin und her. Hinzu kam, daß noch weitere Firmen liefern wollten. Erst hinterher erfuhr man, daß die Qualität der Ware nicht so gut war, wie angenommen. Der Forscher berichtet in seinem Buch von den Vorfahren der Mexikaner. Im Lexikon kann man sich ausreichend informieren. Ich hätte mir eine bequemere Reise gewünscht. Mein Reisender, Herr Max Mayer, beabsichtigt, nächste Woche Ihr Unternehmen in Speyer zu besuchen. Sobald Ihre Bestellung vorliegt, kann die Fertigung beginnen. Bitte beachten Sie die Lieferungs- und Zahlungsbedingungen meines Hauses. Doc Holliday war ein berühmter Westernheld. Viele Firmen bieten bequeme Teilzahlungen an.

Lektion 17

Seite 72

DIN A4, a. D., ADAC, AG; Amerika, Aida, Thema, Firma, Mosaik, Haiti, Menü, Revue, Malmö, Bö, böig, du, Kanu, Kakadu, Tabu, im Nu, Duell, Bau, Tau, Schau, genau, Baumeister, neu, Heu, teuer, Heuer, Allgäu = Allgäu, Gemäuer, bäuerlich.

real, ideal, Ferien, Studium, Oase, Feier, Kakao, Beate, Bibliothek, Hefte, Weite, gereifte Beeren, umgewandelte Bedingungen, gewünschte Zahlungsweise, beachten, beabsichtigen, beirren, beerben, beobachten, beeilen, beanstanden, verausgaben, geordnet, geöffnet, geeignet : ungeeignet, Beeren : beehren, herbeieilen, beiordnen, vorbeieilen.

Übungen, Seite 72

Die Firma liefert Spirituosen nach Peru und Mexiko. Die Zuschauer waren begeistert von der Neuaufführung der Oper Aida. Der Wachmann verhinderte den Diebstahl der wertvollen Mosaiken aus dem Museum. Zwischen Europa und Amerika bestehen sehr gute wirtschaftliche Beziehungen. Beate hat mit dem Jurastudium begonnen.

Lektion 18

Seite 75

altdeutsch, weitläufig, Leinöl, Totoannahme, Reitschule, Stadtmitte, Wertpapier, Schnee-Eule, Festspiele, Marktbericht, Postsparer, Reitpferde, Zeitpunkt, Neuordnung, Österreich, Luxushotel, beehren, beengen, anecken, beeilen, vorordnen, Pflegeeltern, Sportbericht, herbeieilen, Tiefkühlkost, Hinterhof, Fotoecke, Seeufer, Kniebeuge.

Die verschiedenen Gerichte wurden in aller Eile zubereitet. Wertpapiere werden auch Aktien genannt. Die weitläufigen Parkanlagen in dem Luxushotel laden zum Spazierengehen ein. Die Reitpferde aus unserem Reitverein werden auch bei Turnieren eingesetzt. Nur darum konnte sie so gute Erfolge aufweisen. Darüber waren sich alle einig. Über die Neuordnung unserer Satzung müssen Sie informiert werden. Jedes Jahr finden die Bayreuther Festspiele statt. Von der Stadtmitte bis zum Seeufer sind es nur 5 Gehminuten.

Seite 76

Was sind eigentlich Aktien? Eine Aktie ist eine Urkunde über einen Besitzanteil am Kapital einer Aktiengesellschaft. Die AG ist eine Kapitalgesellschaft, im Gegensatz dazu steht die Personengesellschaft. Das Kapital für die Gesellschaft gewinnt man, indem Aktien, also Firmenanteile, verkauft werden. Die Aktien werden an der Börse gehandelt. Die Börse ist der Markt für Wertpapiere. Sie können Aktien nicht selbst bei der Börse kaufen. Zum Börsenhandel sind nur bestimmte Personen zugelassen. Zu den Personen oder Firmen gehört Ihre Bank. Sie kaufen also die Aktien über Ihre Bank. Sie ist Ihr Vermittler. Doch schauen Sie sich das Unternehmen, dessen Aktien Sie kaufen wollen, zuvor an. Informieren Sie sich. Wie ist sein Ruf? Welche Ergebnisse hat es in der Vergangenheit erzielt? Ist es ein solides Unternehmen? Seien Sie vorsichtig bei Aktien, die nicht an der Börse gehandelt werden. Mindern Sie das Risiko Ihrer Geldanlage, indem Sie Aktien verschiedener Unternehmen kaufen. Wählen Sie den richtigen Zeitpunkt für den Kauf von Aktien. Sie können Ihre Aktien bei sich zu Hause aufbewahren. Zweckmäßiger und sicherer ist es, die Aktien bei Ihrer Bank oder Sparkasse zu deponieren. Sie erledigt die Verwaltung und Verwahrung für Sie gegen eine geringe Gebühr. Sie können Ihre Aktien jederzeit mit Hilfe Ihrer Bank wieder verkaufen.

Lektion 19 (I)

Seite 78

treten, trennen, trocken, vertragen, vertrauen, betrogen, treu, auftreiben; braten, Brief, Brot, Fabrik, brennen, abbrechen, Gebrüder, Brauerei, verbreiten; Grete, Gruppe, Grünfläche, Gruß, groß, Grube, vergraben, Grotte, Begriff, Grund; Creme, Cranach, Cremona, Crämer, Cromwell, Cromargan; Kreide, Kramer, Krug, Kreis, Kraft, Kritik, Krimi, Krieg, Kranz; abgrenzen, begreifen, begrüßen, vergrößern.

Satzübungen, Seite 78

Unser Vertreter in Bremen bittet telefonisch um umgehende Lieferung der Schallplatten. Der Roman »Die Gebrüder Karamasow« ist in jeder guten Bibliothek zu finden. Die Maler Lucas Cranach der ältere und jüngere lebten im 15. und 16. Jahrhundert. Bing Crosby war ein unvergeßlicher amerikanischer Sänger und Filmschauspieler. Der Brauereibetrieb der Gebrüder Cramer machte gute Umsätze im vergangenen Jahr. Brigitte Krause verbrachte ihren Sommerurlaub in Cremona/Italien. Mein Bruder fuhr nach Bremerhaven, als er von dem Anruf meiner Schwester erfuhr. Viele große Tanker fahren unter deutscher Flagge. Unterbreiten Sie uns Ihr Angebot bis nächsten Montag. Für den Unterricht brauche ich bunte Kreide.

Lektion 19 (II und III)

Seite 80

schreiben, geschrieben, Schritt, Schraube, Schrei, Kurzschrift und Maschinenschreiben, Straße, Streich, bestrebt, Strafe, Strahl, stramm, Strang, Strapaze, erstrecken, gestritten, besprechen, spricht, Fernsprecher, Sprung, Spreu, Sprit, Sproß, Spritze, sprühen, zerbrochen, zerfallen, zerstreut, unzerbrechlich, Zertifikat, Zerwürfnis, überanstrengen.

Satzübungen, Seite 80

Wenn Sie den Beruf der Bürogehilfin ergreifen wollen, sind die Stenografie und das Maschinenschreiben ein Teil ihrer Ausbildung. Die Schreibtechnik ist sehr wichtig und erfordert tägliches Üben; gute Kenntnisse in der Stenografie und beim Maschinenschreiben bieten Ihnen gute Voraussetzungen für Ihre berufliche Zukunft. Sie haben nach bestandener Prüfung die Möglichkeit, sich zur Sekretärin weiter ausbilden zu lassen. Die Tätigkeit der Sekretärin ist sehr interessant. Sie bereitet Sitzungen, Tagungen, Besprechungen und Reisen vor, führt den Terminkalender, sichtet die eingehende Post und schreibt Telefon- und Aktennotizen. Eine gute Sekretärin beherrscht zumindest eine Fremdsprache und verfügt über ein gutes Allgemeinwissen. Sie ist der gute Geist im Vorzimmer.

Seite 81

drei, Druck, Drachen, Draht, Drang, drehen, Drill, dringen, Frage, befragen, Fracht, Fragment, fremd, Freiheit, Freund, Freiburg, Pfropfen, Pfriem; Presse, prahlen, aufprallen, Preußen, Hauptprobe, Wrack, wringen, gewrungen; die alten Schiffe werden im Hafen abgewrackt.

Satzübungen, Seite 81

Viele junge Menschen suchen ihr Heil in den Drogen und finden dort nur Unheil. Die Befragung der Bevölkerung hat wertvolle Erkenntnisse gebracht. Friedrich Wilhelm Freiherr von Bülow, Graf von Denewitz aus Preußen, war Sieger in den Kämpfen bei Großbeeren und Denewitz. Bis zum April des kommenden Jahres gilt der angegebene Festpreis. Sicherlich haben Sie unser Programm eingehend studiert. Der Hauptpreis in unserer Gratisverlosung ist ein Bausparvertrag. Der Zerfall des Hauses war deutlich sichtbar. Probieren Sie doch einfach einmal unsere Weinsorten selber aus. Ihre Bewerbung als Sekretärin in unserem Unternehmen liegt uns vor. Die Einladung zu einem Vorstellungsgespräch geht Ihnen in den nächsten Tagen zu.

Seite 82

Der Fortschritt in unserer technisierten Welt wird nicht mehr aufzuhalten sein. Es wird alles wieder gut. Wenn Du die Prüfung bestehen willst, dann wirst Du Dich anstrengen müssen. Für unsere Ablage brauchen wir mehrere Durchschriften. Der Redner setzt seinen Vortrag über Energieprobleme fort. Fragen Sie sofort, wenn Sie etwas nicht verstanden haben. Wir haben zur Zeit keine Lieferschwierigkeiten mit unseren Produkten. Die Waren, die wir Ihnen zur Probe vorgelegt haben, waren von ausgesprochen guter Qualität. Bitte senden Sie uns bis nächsten Freitag Ihre neuen Druckschriften und Preislisten. Beim Teppichkauf empfiehlt es sich, nur mit wirklichen Kennern zu sprechen. Nur dem Fachmann können Sie Ihr Vertrauen schenken. Wir übersenden Ihnen, wie versprochen, unser Eröffnungsprogramm. Wir würden uns freuen, bald von Ihnen zu hören. Die Vorzüge der neuen Bedingungen müssen in dem Gespräch deutlich betont werden. Interesse und Verständnis für wirtschaftliche Probleme bringen den Erfolg. Elektrische Schreibmaschinen haben unterschiedliche Schrittschaltungen und verschiedene Schriftarten. Die Eröffnung Ihrer dritten Fabrik in Bremen spricht für den Unternehmergeist, der Ihr Haus beherrscht. Ein Lexikon braucht jeder Bürger, ob in der Schule, im Haushalt oder im Beruf. Mit Ihrem Vertreter konnten wir viele wichtige Fragen besprechen.

Dik-Dik, Gerenuk und Giraffen, Seite 83

Drei Huftiere, die in den Savannen Afrikas leben. Alle drei ernähren sich von Blättern. Durch ihre unterschiedliche Größe kommen sie sich jedoch nicht ins Gehege. Ganz unten frißt das Dik-Dik, eine kleine Antilope. Das Dik-Dik ist etwa so groß wie ein Hase und sehr scheu. Das Gerenuk frißt in der nächsten Etage. Vorsichtig holen sie die Blätter zwischen Zweigen und Dornen heraus, ohne sich zu verletzen. Wenn sie satt sind, suchen sie schattige Plätze zum Wiederkäuen auf. Sie werden auch Giraffengazellen genannt. Sie stellen sich auf die Hinterbeine und holen so noch die obersten Blätter zwischen den gefährlichen Dornen heraus. Die höchsten Landtiere unserer Erde sind die Giraffen. Sie werden bis zu 6 Meter hoch. Trotz ihrer Größe können sie beim Galoppieren eine hohe Geschwindigkeit erreichen. Giraffen sind sehr gesellig und ihr Leben läuft in enger Gemeinsamkeit ab. Mit ihrer langen Zunge umfassen sie die Zweige und streifen die Blätter ab, ohne sich zu verletzen. Sie können auch am Boden äsen, doch das ist sehr gefährlich. Die Löwen haben Respekt vor ihren gefährlichen Hufen, denn sie können damit einen ausgewachsenen Löwen töten.

Lektion 20

Seite 85

Bettler, glatt, durchlesen, fortlaufen, Gegenliebe, Wissenschaftler, Auflage, Unterlage, entlang, Nachlaß, Zwischenlage, abzulegen, Schlag, Splitter, zerlegen. Mitglieder, begleiten, Atlas, Wettlauf, Trittleiter, Glasur, Glück, durchlassen, unterlassen, Schmeichler, Frühling = Frühling, entleihen, Antlitz, Fachlehrer, Chlor, schlapp, Waschlappen, zerlumpt, Zwischenlandung, Tischler, reizlos, verschlossen, Schluck, ratlos, nachlösen, Durchschlag, Leichtathlet.

Überbetriebliche Ausbildung im Handwerk, Seite 85

Die Leistungsfähigkeit der Handwerkswirtschaft ist in hohem Maße abhängig vom Fachwissen und Fähigkeiten der im Handwerk Tätigen. Den gestellten Anforderungen kann nur eine neuzeitliche Aus- und Weiterbildung gerecht werden. Ziel der Ausbildung ist es, Jugendlichen eine gute Ausbildung für das spätere Leben zu vermitteln. Daneben steht die Forderung von Anlagen und Fähigkeiten im Rahmen einer personenbezogenen Ausbildung im Vordergrund. Die Ausbildung wird im dualen System durchgeführt, d. h. im Betrieb und in der Schule. Die Form der Ausbildung hat ihre Bewährung bestanden. Sie hat sich dabei dem ständigen technischen, wirtschaftlichen und sozialen Wandel angepaßt.

Lektion 21

Seite 87

Sonderwünsche äußern, Besonderheiten berücksichtigen, Sondermarken der Bundespost, Mißtrauen, Mißstände, Mißachtung, mißlingen, Mißgriff, unmißverständlich : vermißt; Zusammenarbeit, die Zusammenfassung Ihrer Rede, Zusammenhang, zusammenstellen, zusammengesetzt, zusammengehören.

Dieses Sonderangebot ist eine besondere Gelegenheit. Sie müssen auf die Lieferung bis voraussichtlich Freitag warten. Die persönlichen Beziehungen der Einzelnen entscheiden insbesondere über Erfolg und Mißerfolg im Betrieb.

Eine gute Ausbildung, Seite 87

»Wenn ich vor 20 Jahren geahnt hätte, daß ich mein ganzes Leben in einem Beruf arbeiten muß, der schlecht bezahlt ist und keine Freude macht, dann hätte ich mir das verschafft, was mir heute fehlt: eine gute Ausbildung!« Diese und ähnliche Aussagen kann man oft hören. Aber muß das sein? Man muß früh erkennen: Eine gute Ausbildung ist das Fundament für das spätere Leben. Gehen Sie so früh wie möglich zur Ausbildungsstellenvermittlung. Doch klären Sie vorher folgende Fragen: Was will ich überhaupt tun? Die Neigungen und Fähigkeiten müssen vorher geklärt werden, z. B. ob eine handwerkliche, technische oder kaufmännische Ausbildung bevorzugt wird.

Lektion 22

Seite 89

abends, Zinsen, Angst, morgens, Kunst, Herbst, Fenster, Hamster, Hals, Lotse, Augsburg, Wirtschaftslage, unterwegs, freitags, vormittags, keineswegs, wenigstens, aufwärts, vorwärts, abwärts, Geschäftsbrief, bereits, Arbeitspause; Erbse : Erbsache, morgens : Morgensonne; einst : Einsatz; ansehnlich, Tatsache, Absender, Gegensatz, einsehen; langsam, ehrsam, folgsam, Trübsal, Rätsel, saumselig, Donnerstag, zuerst, persönlich, Hörsaal, äußerst, erst : ersehen, ersetzen, ersichtlich, Lehrsatz, Klarsicht, Wahrsager, fahrsicher : Sperrseil, Wirrsal, Sperrsitz, Kursbuch.

Tunesien, Seite 89

Seine Gegensätze machen Tunesien besonders liebenswert. Hier bedeuten Jahrhunderte oft nur einen Tag oder eine Stunde. Überliefertes Handwerk und moderne Massenwaren, Trecker und vom Dromedar gezogener Pflug, kulturträchtige Ausgrabungen und supermoderne Hotels, arabische Folklore und französisches Leben, all das erleben Sie hier eng verknüpft. Aber dennoch, genießen Sie diese Gegensätze. Sie machen dieses Land – über die köstlichen Stunden, ausgegrabene Ruinen und palmenbestandenen Oasen hinaus – doppelt liebenswert.

Das Postsparbuch, Seite 90

Das Postsparbuch ist ein weiterer Service der Post. Es gibt Postsparbücher mit gesetzlicher und mit vereinbarter Kündigungsfrist. Für Einlagen und Auszahlungen stehen rund 20 000 Schalterstellen zur Verfügung. Alle Postsparkassenämter, Postscheckämter, Postämter, Poststellen und Landzusteller der Deutschen Bundespost nehmen Einlagen entgegen. Die aufgekommenen Zinsen werden am Jahresende dem Guthaben zugeschrieben und mit ihm verzinst. Das Postsparbuch ist auch eine ideale Reisekasse für den Urlaub. Wenn Sie in Urlaub fahren, müssen Sie Ihr Postsparbuch mitnehmen. Sie können dann überall im Inland Geld bei der Post abheben. Aber auch im Ausland haben Postsparer die Möglichkeit, Geld bei der Post abzuheben. Natürlich in der Landeswährung und ohne Spesen und Gebühren. Für weitere Auskünfte stehen Ihnen alle Postämter gern zur Verfügung.

Die Befreiungshalle, Seite 90

König Ludwig I. von Bayern war der Gründer der Befreiungshalle in Kehlheim. Ihre Entstehung verdankt sie der Begeisterung der Wittelsbacher Monarchen, welche in Bayern eine ganze Gruppe von Monumentalbauten hervorgebracht haben. Sie entstand zur Erinnerung an die Einigung aller deutschen Stämme nach der napoleonischen Fremdherrschaft. Das Werk war nach mehr als zwanzigjähriger Bauzeit vollendet. Die Eröffnung fand am 18. Oktober 1863 statt. Im Inneren der Halle stehen die 34 berühmten »Siegesgöttinnen« in Marmor, Sinnbild der 34 deutschen Staaten zur Zeit der Erbauung der Befreiungshalle.

Lektion 23

Seite 92

neuwertige Ware, günstige Angebote, gleichzeitig erinnern; reichhaltige Proben, die kleinen Vögel in ihren Nestchen.
Ich habe auch noch ein Wörtchen mitzureden. Wie heißt die westfälische Pforte lateinisch? Porta Westfalica. Ein Bistum ist der Amtsbezirk eines regierenden Bischofs. Spanien und Italien sind der Deutschen liebstes Urlaubsziel.

Wirtschaft und Beschäftigung, Seite 92

Mit vielfältigen Maßnahmen möchte der Staat die Grundlagen für Wachstum und Beschäftigung in der Zukunft schaffen. Es ist eine sehr wichtige Aufgabe, mit den heutigen wirtschaftspolitischen Entscheidungen auch Wohlstand und Wohlbefinden unserer Kinder zu sichern. Wir alle brauchen ein gesundes Wirtschaftswachstum. Der Abbau der Arbeitslosigkeit ist ein großes Problem. In einzelnen Gegenden ist ein hoher Beschäftigungsgrad erreicht, in einigen Gegenden ist das aber anders. Wir brauchen mehr Teilzeitarbeitsplätze. Ende der achtziger Jahre werden die Arbeitskräfte knapper. Ein schwieriges Problem ist auch die Eingliederung der Kinder unserer ausländischen Arbeitnehmer.

Lektion 24

Seite 94

Nation, Kaution, Automation, Fabrikation, Organisation, Position, viele Millionen, die Regenbogenpresse vermittelt Illusionen, Organisationen, national, rationell, rationieren.
Bitte liefern Sie uns umgehend die Dekorationsstoffe für unser Schaufenster. Wenn Sie an unserem Schaufensterangebot interessiert sind, senden wir Ihnen gern ausführliche Informationen. Bitte weisen Sie Ihre Qualifikation nach. Mit diesem Brief erhalten Sie die gewünschte Informationsschrift über den Schülerwettbewerb. Wir danken Ihnen für die Überweisung auf unser Konto bei der Deutschen Bank. Der Absender muß die Ursache für seine Reklamation genau angeben. Wir sind mit dem Ergebnis unserer Güterkontrollaktion zufrieden. Unser Kundendienst wird alle Inspektionen zu Ihrer vollen Zufriedenheit ausführen. Von allen Mitarbeitern wird ein hohes Maß an Fachwissen und persönlicher Konzentration verlangt. Fast jeder Bürger hat heute ein Girokonto. Die Kontoauszüge geben Ihnen eine ständige Kontrolle.

Funktionelle Bürowirtschaft, Seite 95

Die elementaren Teile der Bürowirtschaft sind die Organisation, Rationalisierung und bürowirtschaftliche Funktionen. Die Organisation verbindet durch ihre Maßnahmen und Anordnungen die betrieblichen Produktionsfaktoren zu einer leistungsfähigen Einheit. Die Aufgabe der Rationalisierung liegt darin, die bestehende Organisation des Betriebes zu verbessern, die Arbeitsbedingungen für die Mitarbeiter zu erleichtern, die Kosten durch wirtschaftlicheres Arbeiten zu senken und den allgemeinen Geschäftsgang zu beschleunigen. Unter ökonomischem Prinzip versteht man das Bestreben, mit dem geringsten Aufwand an Mitteln die angestrebte Leistung zu erreichen. Das energetische Prinzip fordert die vollkommene Nutzung der verfügbaren Kräfte. Die optimale Arbeitsleistung ist stark von der Umweltgestaltung abhängig. Bei der Gestaltung eines Raumes müssen die verwendeten Farbtöne eine harmonische Einheit geben. Die Beleuchtung ist ein wesentlicher Faktor für die Leistungsfähigkeit des arbeitenden Menschen, nicht zu vergessen die Temperatur und die Schalldämmung. Der Arbeitsplatz muß einen fließenden Arbeitsablauf garantieren und die erforderlichen Maschinen und Geräte müssen günstig angeordnet sein. Man muß die Teile dieser zusammengehörenden Bürowirtschaft kennen, damit man sie vernünftig und kostensparend anwenden kann.

Lektion 25

Seite 97

Das zerbrechliche Glas sollte besonders gut verpackt werden. Das hätten sie unbedingt tun sollen. Gegen einen solchen Plan habe ich größte Bedenken. Über Nacht war es Frühling geworden. Der Doktor kam sofort auf unseren Anruf hin. Solch niedrige Temperaturen sind wir nicht gewöhnt. Unter solchen Umständen ist eine Auflösung des Geschäfts undenkbar. Die Waren sind in den letzten Jahren bedeutend teurer geworden. Sie sollten die Reise rechtzeitig planen.

Unser neuer Bildband, Seite 97

Sehr geehrte Frau Graf, heute können Sie ein neues atemberaubendes Werk kennenlernen, das sie in eine neue unbekannte Welt führt. Es lädt Sie ein zu einer faszinierenden Reise durch Zeit und Raum. Viele fesselnde und packende Informationen finden Sie darin. Dieses Werk ist mehr als gute Unterhaltungslektüre. Es ist mehr als ein Geschichtsbuch über vergangene Kulturen. Und weil dieser Prachtband so vielseitig ist, eignet er sich auch als ideales Geschenk für jung und alt. Fordern Sie den Band noch heute kostenlos zur Ansicht an. Als Dankeschön erhalten Sie für Ihr Interesse von uns ein kleines Geschenk. Mit freundlichem Gruß.

Faustregeln für eine Bewerbung, Seite 98

Der erste Eindruck ist häufig entscheidend. Deshalb ist es nicht gleichgültig, wie bei einer Stellensuche die Bewerbungsunterlagen aussehen. Eine Bewerbung sollte auf weißem A4 Schreibpapier möglichst mit Schreibmaschine geschrieben werden. Falls Sie keine Schreibmaschine haben, schreiben Sie in deutlicher Handschrift. Die Bewerbung besteht aus einem Anschreiben, dem Lebenslauf, einem Paßbild und den Zeugnissen über die Schul- und Berufsausbildung oder über erfolgreich bestandene Kurse. Das Anschreiben ist, da es dem Personalsachbearbeiter zuerst in die Hand kommt, besonders wichtig. Es endet mit einem Hinweis auf die Anlagen und der persönlichen Unterschrift. Der Lebenslauf wird nach Möglichkeit ebenfalls mit der Schreibmaschine tabellarisch geschrieben. Der Bewerbung sollte ein neues Foto im Paßbildformat beigefügt werden. Automatenfotos sind weniger geeignet. Zeugnisse sollten nicht im Original, sondern nur als Fotokopie verschickt werden. Die Kopien müssen aber einwandfrei sein. Sie sind der Reihenfolge nach zu ordnen. Wenn Sie zu einem Vorstellungsgespräch eingeladen werden, sollten Sie sich vorher über das Unternehmen und seine Produkte informieren. Sie lassen damit erkennen, daß Sie Interesse an der ausgeschriebenen Stelle und an dem Unternehmen haben. Und jetzt viel Glück und Erfolg.

Lektion 26 (I und II)

Seite 100

Fahrrad, Sperriegel, Jawort, Neubeginn, Kochtopf, Waschmaschine, Frühling, Neugierde, Herzleiden, Deutschland, fortlaufend, geruchlos, Schlagloch, Notlösung, nachlaufen, Bauland, Blutlache.

Heilen mit Erfolg, Seite 100

Immer mehr Menschen leiden an Rheuma, Bandscheibenschäden, Bluthochdruck oder haben Magengeschwüre. Aber trotz neuer Medikamente trat bisher noch keine wirksame Hilfe ein. Die unerwünschten Nebenwirkungen sind oft größer als der Nutzen der neuen Medikamente. Für viele Patienten beginnt das Wandern von Arzt zu Arzt, und mit Recht stellt ein bedeutender Arzt fest: »Die Aufgabe der Krankenbehandlung geht weit über die Grenzen der naturwissenschaftlichen Medizin hinaus!« Von sog. Außenseitern werden verschiedene Heilmethoden angewendet, z. B. Hypnose, Akupunktur, autogenes Training und Joga. Die Heilerfolge dieser Außenseiter grenzen oft ans Wunderbare. Es ist deshalb für alle Patienten ganz besonders wichtig, zu erkennen, wo die Möglichkeiten, aber auch die Grenzen der jeweiligen Methode liegen.

Seite 101

beinahe, beiderseits, Beifall, beisammen, Beispiel, Beitrag, herbeitreten: beiordnen, Totoannahme, Badeartikel, Energiewirtschaft, Hauptsache, Festzelt, altdeutsch, weitläufig, Leinöl, Begleitbrief, Schriftführer, umherfahren, Umlage, umzukehren; Fundbüro, Fußgängerweg, Filmaufnahmen; soeben, somit, soviel, dementsprechend, indem, zudem.

Intersteno-Kongreß 81, Seite 101

Ohne die Schreibmaschine und die übrigen Mittel der Bürotechnik ist unsere Welt kaum mehr denkbar. Auch die Stenografie hat sich in vielen Bereichen als unentbehrlich erwiesen. Als Notiz- und Konzeptschrift nimmt ihre Bedeutung zu. Die Arbeit der Stenografen muß man kennen und schätzen lernen. Sie ist aus der Arbeit der Parlamente nicht mehr wegzudenken. Hohes fachliches Können flößt Respekt vor diesem Berufsstand ein. Die Intersteno-Kongresse haben in der Vergangenheit stets wesentlich auf den Fachgebieten der Kurzschrift, des Maschinenschreibens und der Bürotechnik beigetragen. Die im Rahmen der Kongresse veranstalteten Weltmeisterschaften im Maschinenschreiben und die Wettbewerbe in Stenografie geben Fachleuten einen Eindruck vom hohen Leistungsstand in diesen Disziplinen.

Lektion 27 und 28

Seite 103

Industrie, registrieren, Zentrum, System, Ministerium, Statistik : Statist, respektieren : Respekt, talentiert : Talent, elementar : Element; frontal, Kantine, Lektüre, Diktat.
Immer mehr findet die Mikroverfilmung Anwendung in der Bürotechnik. Die Gleichstellung von Mann und Frau ist eines der grundlegenden Gleichheitsgebote unseres Grundgesetzes.

Astrologie, Seite 103

Der Begriff Astrologie ist dem Laien aus den Zeitungs- und Illustriertenhoroskopen vertraut. Die Astrologie aber, die hier gemeint ist, gehört, wenn sie wissenschaftlich betrieben wird, zu den modernen Wissenschaften wie Graphologie. Die Astrologie ist der Versuch, das Wesen und Schicksal der Menschen aus Gestirnstellungen zu deuten. Der Versuch gründet auf der Annahme einer erfaßbaren geregelten Beziehung zwischen Gestirnwelt und irdischem Vergangenen, insbesondere der menschlichen Existenz. In der Entwicklung rechnerischer Anhaltspunkte in der Aufstellung der Konstellation, war die Astrologie mit der Entwicklung der Mathematik und Astronomie verknüpft. Die Deutung jener Tierkreiszeichen, in denen sich die Sonne, der Mond, der Aszendent oder wichtige Gestirne zur Zeit der Geburt befanden, liefert manche interessante Aufhellung des eigenen Wesensbildes.

Seite 104

Der Chemieingenieur entwickelt im Labor ein neues Pflanzenschutzpräparat. Die Journalisten informieren in den Tageszeitungen über die Geschehnisse aus aller Welt. Die Freiheitsstatue in New York ist das Freiheitssymbol für Amerika. Wer war Shakespeare? Die Schicht der Einflußreichen nennt man Establishment. Nutzen Sie die Chance, die Ihnen das Schicksal jetzt bietet. Kennen Sie den berühmten englischen Kriminalregisseur Edgar . . .?

Das unnötige Fremdwort, Seite 104

Fremdwort, d. h. ein aus einer fremden Sprache entlehntes Wort. Die Bestrebungen zur Vermeidung von unnötigen Fremdwörtern sind immer noch im Gange. Doch nicht jedes Fremdwort ist abzulehnen. Eine Sprachreinigung würde unsere Sprache nur ärmer machen. Eine große Zahl internationaler und fachlicher Ausdrücke ist einfach nicht zu entbehren. Fremdwörter aber, die unsere Umgangssprache nur unnötig belasten, sind auszumerzen. Man löse sich von dem Wahn, daß ein Fremdwort vornehmer, gebildeter klinge, als das entsprechende deutsche Wort. Bedenken Sie immer, wie schwer einmal die Schreibweise und zum anderen die Aussprache der Fremdwörter ist und wie leicht der falsche Gebrauch die Halbbildung des Sprechers kundtut.

Lektion 29

Seite 106

Ofen : offen, Nizza, Mekka, Hüte : Hütte, so : oh, die Deutsche Bank, staatlich : stattlich, Mokka, die Waisenkinder; wir danken Ihnen für Ihr Schreiben; Selbstkritik, Nichtübernahme, ohn' Unterlaß, bess're Qualität, der Punkt auf dem i, nicht : nichtig, unter : unten, in dem Fischerdorf können Sie frische Aale, Schollen usw. kaufen.
GmbH, OHG, km, KG, Co., Okt., Nov., Dez., Wir müssen Sie bitten, den Betrag bis spätestens 2 Wochen, d. h. bis zum 15. Apr. an uns zu überweisen. Bei der Fa. Schwarz GmbH & Co. KG kostet 1 qm dieses Teppichbodens nur 35,— DM. Das Handelsgesetzbuch, HGB, ist das Gesetzbuch, das das Handelsrecht regelt. Was regelt das StGB?

Die Bundesgartenschauen, Seite 107

In regelmäßigen Abständen von 2 Jahren finden Bundesgartenschauen und internationale Gartenbauausstellungen statt. Gemeinsam mit den Städten schafft der deutsche Gartenbau in den jeweiligen Regionen einen blühenden und grünenden Raum für den Bürger. Die Bundesgartenschauen sollen Beispiele aufzeichnen, wie die Menschen vor den negativen Einflüssen falsch verstandenen Fortschritts zu bewahren sind. Es wurde erkannt, daß eine technische Zivilisation, die die Natur aus dem Blick verliert, die biologischen Lebensgrundlagen des Menschen bedroht. Diese Gefahren haben darauf hingewiesen, daß der Mensch auch ein Naturwesen ist, das nur im Einklang mit der Natur zu überleben vermag. Je mehr Natur den Menschen umgibt, desto besser ist für ihn gesorgt. Dienst an der Natur ist Dienst am Menschen. In einer Großstadt mit dichtem Verkehr und hoch entwickelter Industrie sind darum Bäume, Blumen, Parks und Grünanlagen kein überflüssiger Luxus. Sie sorgen dafür, daß sich die mit Abgase verschmutzte Luft erneuert, sie schaffen Erholungsmöglichkeiten für die Bürger, und ihre Schönheit gibt den Menschen Freude. Der Gärtner ist in der Stadt so wichtig wie der Straßenbahner. Noch jede Stadt ist durch eine Bundesgartenschau freundlicher und lebenswerter geworden.

Legislative, Exekutive, Rechtsprechung, Seite 108

Das hervorragendste Recht staatlicher Gewalt ist die Gesetzgebungsbefugnis. Heute wie zu allen Zeiten bedarf das Zusammenleben der Menschen in einem Land allgemein geltender Regeln. In einem modernen Gemeinwesen, in dem infolge der hochentwickelten Industrialisierung, Technisierung und Arbeitsteilung alle Einzelmenschen und Gruppen in hohem Maße voneinander abhängig sind, müssen viele Dinge bis weit in die Einzelheiten hinein gesetzlich geregelt werden. Diese Gesetze zu beraten und zu beschließen, ist die Aufgabe der Legislative. Sie schafft die Rechtssätze, welche die Rechte und Pflichten der Bürger festlegen und nach denen Verwaltung und Rechtsprechung arbeiten. Nachdem die Gesetze vom Parlament, der Legislative, beschlossen worden sind, ist es Sache der Exekutive, sie auszuführen. Bei der Ausführung der Gesetze hat die Exekutive gesetzmäßig zu handeln. Sie hat die Interessen der ganzen Nation zu wahren und ist für ihr Tun und Lassen dem Volke, und daher nach dem Grundgesetz dem Parlament, verantwortlich. Die dritte, die rechtsprechende Gewalt, hat nach dem Grundgesetz eine besonders starke Stellung erhalten. Im rechtsstaatlichen System der Gewaltenteilung stehen sich die Rechtsprechung auf der einen Seite und die Legislative und Exekutive auf der anderen Seite ge-

genüber. Die Gerichte haben eine wichtige Aufgabe in dem ständigen Prozeß der Überwindung von Spannungen zwischen der starren Rechtsreform der Gesetze und der Entwicklung des Lebens.

Der Geschäftsbrief A4, Seite 109

Der Deutsche Normenausschuß hat für die Geschäftsbriefe einheitliche Vordrucke entwickelt, die den kaufmännischen Bedürfnissen entsprechen und die den Briefraum vorteilhaft aufteilen. Im Normblatt DIN 5008 ist weitgehend festgelegt, wie die Einzelteile des Briefes anzuordnen und zu schreiben sind. Es handelt sich bei den Anordnungsregeln um Gestaltungsrichtlinien und einige bindende Vorschriften für den Schreiber bei der Textdarstellung. Für den Schreiber bedeuten diese Regeln wertvolle Gestaltungshilfen. Sie sagen ihm z. B., wie die Anschrift aufzubauen und die Bezugszeichenzeile zu beschriften ist, wo im Textteil Leerzeilen zu schalten sind und wie viele und welche Schreibgrade bei den Zeilenlängen, der Einrückung sowie dem Gruß in Frage kommen. Die genormten Aufdrucke haben den Vorteil, daß inhaltlich gleiche Angaben an denselben Stellen zu finden sind, z. B. die Anschrift, Datum, Betreff. Die Anschrift ist ein wichtiger Teil des Briefes, da es von ihr abhängt, ob die Post den Brief ordnungsgemäß und auch schnell zustellen kann. Die Bezugszeichen in der Bezugszeichenstelle sind unter die entsprechenden Leitwörter zu schreiben. Der Betreff ist eine kurzgefaßte Inhaltsangabe. Danach kommt die Anrede. Der Brieftext ist fortlaufend und einzeilig zu schreiben. Im Briefabschluß steht der Gruß und die Firmenbezeichnung. Der formschöne Brief spricht für den Absender und ist ein wertvolles Werbemittel.

Rundschreiben an Außendienstmitarbeiter, Seite 110

Liebe Mitarbeiter im Außendienst, Sie haben bereits aus unserem Rundschreiben Nummer 20 vom 25. Apr. d. J. entnommen, daß wir mit dem Ergebnis unserer Frühjahrswerbung nicht zufrieden waren. Vor allem im norddeutschen Verkaufsgebiet hatten wir uns mehr Erfolg versprochen. Wir haben zur Zeit noch keinen Überblick darüber, wieso diese unbefriedigenden Verkaufsergebnisse zustande kamen. Von unserer Hauptverwaltung in Hamburg wird Ihnen bis spätestens Okt. d. J. ein neuer Bericht zugehen. Es ist erforderlich, daß wir uns auf das kommende Wintergeschäft gründlich vorbereiten. Es ist daher vorgesehen, alle Mitarbeiter unseres Außendienstes im Herbst zu einer Besprechung einzuladen. Der Leiter unserer Verkaufsabteilung wird dann mit Ihnen alle Einzelheiten besprechen. In dieser Besprechung sollen die Verkaufsgebiete neu aufgeteilt werden. Für die Händlerkunden wird neues Informationsmaterial zusammengestellt. Dieses Informationsmaterial soll keineswegs die ausführlichen Prospekte oder unseren Hauptkatalog ersetzen, sondern nur ergänzen und dem Kunden einen ersten Überblick verschaffen. Es soll weiter überlegt werden, welche zusätzlichen Werbemaßnahmen eingesetzt werden können, z. B. die Zeitungs- und Zeitschriftenwerbung. Wir bitten Sie höflichst, uns hierfür geeignete Vorschläge zu unterbreiten und danken schon heute für Ihre Mitarbeit.

Kürzelverzeichnis

all	6	d.h.	16
als, also	8	deine	11
ander	23		
ant-	4	dem	1
auf	4	den	1
aus	8	der	1
		des	8
besonders	21	dessen	8
		deutsch	12
bis	3	die	1
da-	5	dies	21
		doch	5
dar-	18	Dr., Doktor	25
das, daß	2	durch	19

ein	3
eine	11
-eit	9
ent-	4
er	1
er-	1
er-r	6
es	1
fort	19
für	5
ge-	13
gegen	1
hab, hat, hast	2
-haft	14
hatt-	1
hätt-	7
-heit	14
her	2
hin	16
hint-	16
ich	3
in	3
ion	24
ist	2
kann(st)	2
-keit	9
könn-	10

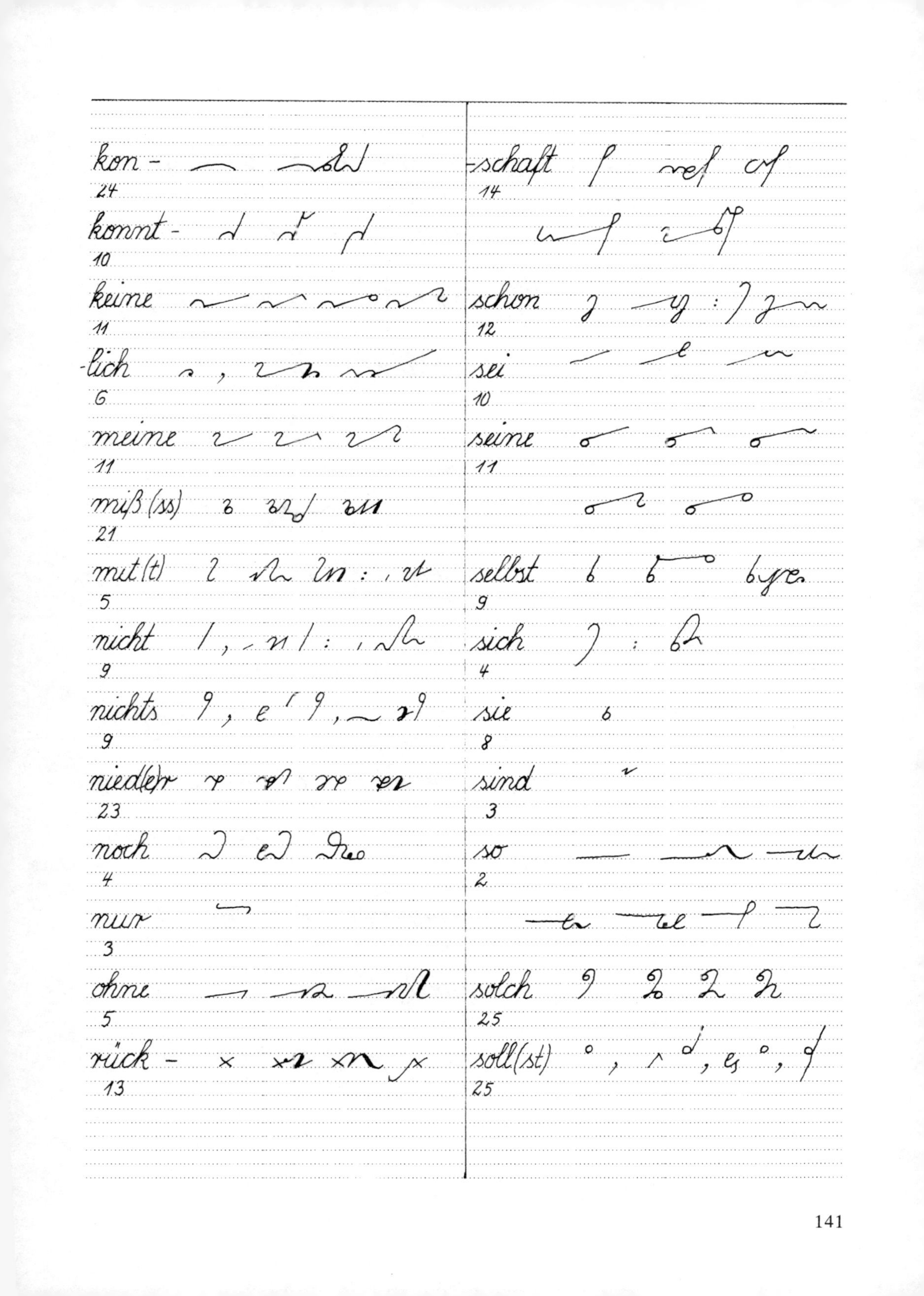

kon- 24

konnt- 10

keine 11

-lich 6

meine 11

miß (ss) 21

mit (t) 5

nicht 9

nichts 9

nied(e)r 23

noch 4

nur 3

ohne 5

rück- 13

-schaft 14

schon 12

sei 10

seine 11

selbst 9

sich 4

sie 8

sind 3

so 2

solch 25

soll(st) 25

sonder(s,n)
21

-tum, -tüm,
10

üb(e)r
18

un-
13

und
1

u(h)r
3

usw.
16

-ung
14

-lung
15

-rung
15

uns
18

unser
18

unter
4

ver-
3

vielleicht
10

voll
6

völl-
6

vom
4

von
4

vor
3

wenn (wen)
2

werd-
2

wi(e)d(e)r
5

will(st)
6

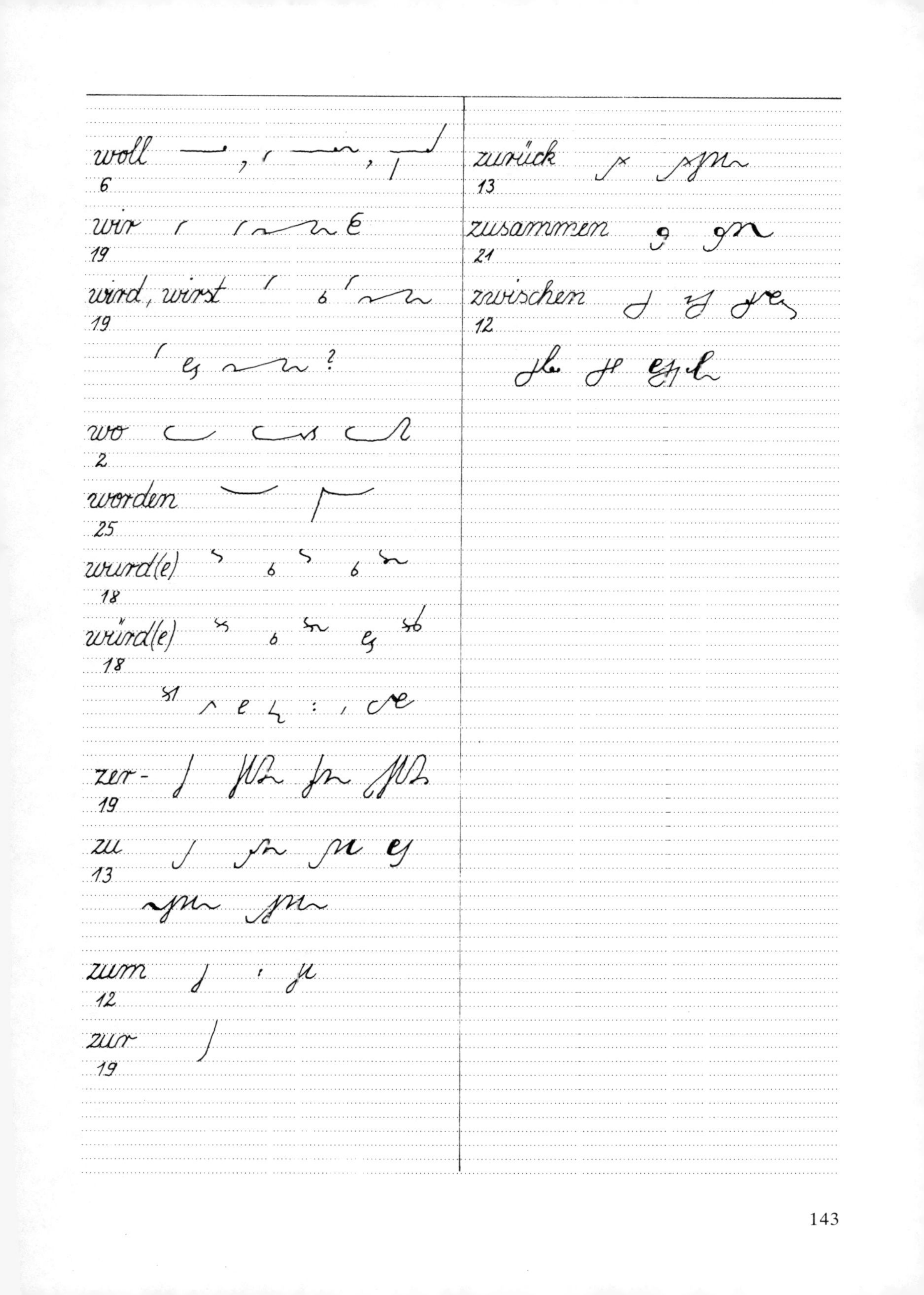

woll
6

wir
19

wird, wirst
19

wo
2

worden
25

wurd(e)
18

würd(e)
18

zer-
19

zu
13

zum
12

zur
19

zurück
13

zusammen
21

zwischen
12